Jules Sageret

La Guerre et le Progrès

PAYOT & Cie
Paris

LA GUERRE ET LE PROGRES

DU MÊME AUTEUR :

ROMANS

Touillard électricien. . . . .   1 vol.
L'Orchidée. . . . .   1 vol.
La Jeunesse de Paul Méliande. . . . . . .   1 vol.
Paul le Nomade . . . .   1 vol.
L'Amour Menteur . . . .   1 vol.

CRITIQUE — HISTOIRE DES IDÉES

Les Grands Convertis (Société du *Mercure
de France*). . . . .   1 vol.
Paradis laïques (Société du *Mercure de
France*) . . . .   1 vol.
Le Système du Monde — Des Chaldéens à
Newton (Félix Alcan) . . . .   1 vol.

POUR PARAITRE APRÈS LA GUERRE

La Vague mystique (Ernest Flammarion). .   1 vol.
Philosophie de la guerre (Félix Alcan). . .   1 vol.

JULES SAGERET

LA GUERRE
ET
LE PROGRÈS

PARIS
LIBRAIRIE PAYOT & Cie
106, BOULEVARD SAINT-GERMAIN

1917

Tous droits réservés

CHAPITRE PREMIER

Courtes réflexions sur le progrès

Tout le monde s'entend sur le progrès (avec une minuscule) quand il s'agit d'une question de quantité : il y a progrès du commerce quand le total des échanges va en augmentant, etc...

Et, à cause de cela, nul ne se refuse à considérer le progrès des inventions modernes comme étant sous un certain rapport un progrès : les chemins de fer ont augmenté la circulation, les téléphones les communications : progrès de la circulation et des communications...

.˙.

Bien des personnes ajoutent : — Progrès oui, mais illusoire ; il n'y a de progrès réel que si on est plus heureux ; or la somme de bonheur qu'il y a sur terre est-elle plus grande qu'il y a deux cents ans, mille ans ? Non ! donc il n'y a pas de progrès.

Quand on pense ainsi, on a parfaitement raison de nier l'accroissement général du bonheur, mais on se trompe en établissant un rapport entre le bonheur et le progrès : il n'y a aucune comparaison possible de l'un avec l'autre.

Si le bonheur consiste dans la satisfaction de besoins et de désirs, il sera d'autant plus fragile que ces besoins et désirs seront plus nombreux et plus complexes, que l'on sera plus civilisé, plus affiné, plus intellectuel, plus artiste, plus conscient. A mesure que les hommes se spiritualisent, leurs possibilités de bonheur augmentent, mais celles de malheur tout autant ; à mesure que l'activité humaine satisfait un désir, il faut que de nouveaux désirs naissent, sans cela elle s'éteindrait. Comment dès lors l'accroissement d'intensité de la vie augmenterait-elle le bonheur général, puisque, multipliant les espoirs, elle multiplie par là même, et à la même échelle, leurs déceptions et leurs réalisations ?

Quand on se laisse guider par le sentiment de la probabilité, on conclut que, pour l'ensemble de l'humanité, ce que l'on appelle à son gré bonheur ou malheur est une quantité fixe qui ne variera pas quoi qu'on fasse.

∴

Et cependant, lorsque des gens vous disent que l'accroissement du bonheur devrait entrer seul en ligne de compte dans la notion de progrès, ne répliquez pas que leurs paroles ne répondent à rien : ils s'expriment mal, tout simplement ; avec un peu de réflexion, on devine le fond de leur pensée ; elle est juste ; voici comment elle s'interprète :

Le progrès en quantité n'est pas le seul ni le plus important : il faut avant tout le progrès en qualité. Préférons une activité humaine moins intense et plus harmonieuse, un peuplement de la terre moins nombreux et meilleur, moins produire et mieux produire, moins voyager et mieux voir...

Rien de plus vrai.

Cela montre que l'entente sur le progrès est impossible. Nos goûts seuls jugent de la qualité, et comme ils diffèrent, les discussions sur les progrès sont d'ordre esthétique : elles aboutissent d'une part à « j'aime », de l'autre à « je n'aime pas », au désaccord insoluble.

Il n'y a même pas d'exception à faire pour les progrès en quantité, car la considération qualitative s'applique aussi bien à eux. La quantité a ses qualités : — abondance, force, activité, intensité de vie, etc... — auxquelles on peut donner le pas sur les autres : affaire de goût.

La sagesse consisterait, lorsqu'on vous demande, par exemple, si la musique de Debussy est un progrès, à répondre :

— Oui, pour ceux qui l'aiment.

∴

Nos goûts, dans l'ordre moral le plus élevé, nous inspirent des idéals, nous montrent des directions vers lesquelles nous souhaitons passionnément voir tendre l'effort humain.

Nous devrions donc tenir pour progrès tout avancement vers notre idéal, et comme nos idéa's diffèrent en vertu de la différence de nos goûts, on s'attendrait logiquement à ce qu'il y eût autant de notions de progrès que d'idéals.

Comment se fait-il cependant qu'il y ait un Progrès (avec une majuscule) sur la signification duquel tout le monde soit d'accord, quitte à l'exalter ou à le honnir.

Il faut, pour expliquer cela, faire intervenir le passé et le futur.

Beaucoup de gens imitent les anciens qui mettaient à l'origine de l'humanité un âge d'or, un paradis terrestre; leur idéal, qui serait d'y revenir, se situe *en arrière* de notre temps.

D'autres rêvent au contraire de ce qui n'a pas encore été réalisé ; ils regardent donc *en avant* ; ils tendent vers un idéal éloigné dans l'avenir.

Idéal dans le passé, en arrière de notre temps, marche en arrière, rétrogradation.

Idéal dans l'avenir, en avant de notre temps, marche en avant, avance, Progrès.

De là toutes ces expressions courantes : opinions rétrogrades, opinons avancées, marcher avec son temps (on dirait aussi justement avec *le* temps qui, en effet, ne marche jamais que vers l'avenir).

Le Progrès n'est qu'une des deux seules orientations possibles des idéals dans la durée.

Celles-ci, suivant que l'on préfère l'une ou l'autre, marquent une division très nette des esprits au point de vue philosophique et politique.

Les hommes chez lesquels prédomine la préoccupation d'ordre et de stabilité cherchent à défendre les bases de la discipline sociale contre tout ébranlement ; ils les assimileront donc le plus possible à des préceptes éternels dont le pouvoir impératif l'emporte sur la force de pénétration de la critique rationnelle, la dépasse, la « transcende ». Religion, foi, autorité, tradition, mysticisme, tout cela va de pair avec le règne de ces préceptes qui, étant éternels, ont certainement été formulés dans le passé ; l'idéal réside dans le passé, antagonisme contre le Progrès.

De là, par opposition, résulte que le Progrès répond aux idéals de liberté dans tous les ordres : politique, morale, pensée, critique.

Ceci posé, subsistera toujours la question :

— Le Progrès est-il un vrai progrès, correspond-il à une amélioration réelle de l'homme ?

Amorce de discussion sans issue, puisque, les

goûts des uns n'étant pas les goûts des autres, ce qui est amélioration pour les uns est détérioration pour les autres.

Et il faudra répondre comme dans le cas de la musique de Debussy :

— Oui, le Progrès est un vrai progrès pour ceux qui l'aiment.

CHAPITRE II

Négation du progrès — Le Quintonisme

Le Progrès n'est guère aimé de ceux qui se considèrent eux-mêmes comme l'élite de la société. Et il faut bien avouer qu'il a droit à toutes leurs antipathies et à toutes leurs méfiances.

On n'a pas de peine à le ridiculiser : il suffit pour cela de confier au pharmacien Homais la tâche d'en célébrer le culte ; or il y aura toujours des Homais parmi nous, donc de quoi caricaturer la religion de leur Dieu, le Progrès.

Mais le jour où Flaubert créa Homais, il créa aussi l'abbé Bournisien, non point certes pour opposer la lumière à l'ombre, mais comme on juxtapose deux teintes également foncées, bien que très différentes ; il faisait valoir l'un par l'autre deux obscurantismes, celui de la croyance et celui de la libre-pensée, où il s'efforça de mettre une égale profondeur de bêtise.

Il ne réussit qu'à moitié, puisque l'abbé Bournisien glissa discrètement dans l'oubli sans avoir rien fait pour ni contre la réputation du clergé, tandis que le nom d'Homais survivra probablement à celui de Flaubert, et servira encore à flétrir le médiocre qui ne croira pas en Dieu.

C'était inévitable : l'immortel pharmacien prête seul à rire.

L'explication de ce privilège est en même temps celle du reproche de médiocrité intellectuelle que tant d'écrivains font aux amis du Progrès.

Il n'est pas nécessaire d'être bête pour croire aux dogmes, mais en quoi la bêtise peut-elle bien nuire à la solidité de la foi ? La pauvreté de cervelle n'a rien d'incompatible avec les qualités nécessaires à un exercice suffisant de la professon sacerdotale ; aussi, quand elle échoit à un prêtre, ne l'afflige-t-elle pas de ce qui fait la principale source du comique : une disproportion entre la valeur d'un homme et l'état, la fonction, l'effort, l'idéal du même homme. C'est le cas de l'abbé Bournisien. Tandis que si on est champion du Progrès, cela suppose que l'on paraisse parler comme la Raison et la Science, cela suppose de l'intelligence ; Homais n'en a pas ; il est par là ridicule comme tous les ratés prétentieux.

Les esprits médiocres ont la majorité partout ; leur nombre apporte à chaque opinion un élément de force ; ils n'affaiblissent en rien cette opinion ; ce ne sont pas eux qui colorent leur cause de leur grisaille intellectuelle, c'est la Cause au contraire qui les couvre d'un étendard aux couleurs inaltérées ; elle entraîne les cœurs, peu lui importent les cerveaux. Mais le parti du Progrès fait exception : comme il est le seul à avoir besoin de la Science et de la Raison et à n'avoir besoin que d'elles, il a l'aspect que lui donnent la raison et la science de sa majorité d'Homais. De là, pour le Progrès, la réputation mondaine d'être l'idéal de la demi-science, des esprits faux, des déclassés, des fumeux gobe-la-lune...

∴

La différence des sorts posthumes échus à l'abbé Bournisien et à son adversaire montre bien aussi l'infériorité où se trouve le Progrès au point de vue esthétique.

Flaubert était un artiste. En cette qualité, il reléguait les idées au second plan ; il se souciait peu de la Raison et de la Science, les trouvant, comme ses pareils, d'une sécheresse rebutante ; comment eût-il pu parler avec force en leur nom ? Au contraire, il savait mettre en relief le Beau et le Laid. Il put donc exalter l'indéniable poésie des sacrements religieux, tandis qu'il ne trouva rien à dire qui embellît la voie du Progrès dont il eût fait au contraire une route nationale, chef-d'œuvre désolant des ponts et chaussées. Médiocrité des âmes de curé et splendeurs mystiques du côté de la religion traditionnelle, médiocrité des âmes de pharmaciens et nullité de splendeur morale du côté du Progrès, la partie n'était pas égale.

Les artistes, poètes et littérateurs peuvent bien aimer le Progrès, mais ce n'est pas en conséquence de leur profession : au contraire. Ils travaillent à faire du Beau. Il n'y a pas de progrès dans le Beau : quand existe un sommet comme Phidias, ou Eschyle, on n'ajoute plus jamais rien à sa hauteur, on bâtit à côté une taupinière ou une montagne *autre*, non plus parfaite.

Et comment l'homme qui élève les harmonies plastiques au rang des choses divines concilierait-il cette religion avec celle d'un Progrès destiné à peupler de plus en plus la terre d'appareils mécaniques ? La mécanique est laide, dit William James. William James exagère : il y a certainement de la beauté dans les engins par lesquels l'homme a haussé sa puissance jusqu'à celle des dieux souterrains de jadis ; c'est une beauté de force, mais aussi de cauchemar. Les machines sont beaucoup plus effrayantes et monstrueuses que les contemporains du *Diplodocus*, ces épouvantails animés, dont on croirait qu'une Providence ait épargné la vue à nos premiers ancêtres afin que l'humanité ne mourût pas de frayeur en naissant. La machine, par surcroît, fait un bruit horrible et sent mauvais.

En fait, quand le poète va aux offices du Progrès, sa poésie ne l'y suit pas : comparez, dans *Sur la Pierre Blanche* d'Anatole France, la vision du passé : — les entretiens des philosophes assis, devant le panorama de Corinthe, sur un banc de marbre qu'ombragent les lauriers, — et la vision de l'avenir: — un repas de nourriture chimique (un peu fade mais pas mauvaise) dans une salle à manger style Touring-Club. — Ce sont deux mondes que présente l'aède moderne si exquis : il ne peut cacher qu'il chante pour le premier et raisonne pour l'autre.

∴

Pas plus que l'idéal esthétique, l'idéal religieux (qui lui ressemble tant !) ne s'associe à la notion de progrès. Une religion sort parfaite des mains de la Divinité ; ce que les hommes y ajouteront ne pourra plus être désormais que la marque des misères humaines ; tout au plus reviendra-t-elle de temps à autre, par sursaut, vers sa pureté primitive, mais sans l'atteindre. Ses fondateurs restent ses adeptes les plus accomplis : il n'y aura jamais de meilleurs chrétiens que les Apôtres (sans parler du Christ qu'on doit mettre à part si on le croit Dieu) ni de meilleur musulman que Mahomet. Les changements, dans les religions, ne sont eux-mêmes présentés par leurs auteurs que comme une restitution de la doctrine originelle. La religion ne progresse donc pas. Elle doit à sa logique interne de condamner le Progrès comme une méthode spirituelle diamétralement contraire à celle qui mène vers un Dieu dont les révélations sont dans le passé.

Le Progrès vise une Cité Future qui est censée devoir embellir la terre. La religion ouvre les portes de la Jérusalem Céleste que les yeux humains ne verront pas avant d'être clos par la mort. Aussi les hommes d'ordre préfèrent-ils la seconde : le peuple ne s'agite pas pour y entrer plus tôt, tandis que le désir de la première est un ferment d'émeutes.

∴

Ce n'est pas le seul danger du Progrès.

Par cela même qu'on le pose comme une évolution destinée à tout améliorer, il paraît menacer les éléments les plus essentiels de la vie des sociétés : Droit, Morale, Propriété, Famille, Patrie. Comment justifier par lui le respect de quoi que ce soit ? Puisqu'il doit changer tous les liens qui unissent les hommes, aucun de ces liens n'est donc durable ; puisqu'il doit tous les améliorer, tous sont donc mauvais aujourd'hui. Il n'y a pas de destructions auxquelles il n'autorise logiquement « les appétits sans scrupules servis par une critique sans frein » ; quelle garantie donne-t-il contre une décomposition dont n'approche celle d'aucun cadavre ?

Voilà du moins les accusations, plus ou moins mitigées dans la forme, que tous les traditionalistes et conservateurs portent contre le Progrès. Il est en outre méprisé pour son ridicule, sa laideur ou du moins son manque de pittoresque et de mystique, sa platitude.

Ses ennemis naturels sont bien, comme je le disais, l' « élite » de la Société, les gens qui sont le fruit de la civilisation d'hier, parfaitement adaptés à elle et s'y trouvant en équilibre ; leur besoin essentiel est de maintenir cet équilibre ; ils ont la vertu de l'équilibre : le bon sens.

Leur bon sens, à eux, est de l'intelligence appliquée surtout à se limiter, à discerner ce qu'il serait dangereux d'approfondir. Il tient donc un scepticisme railleur tout préparé pour la Science quand elle creuse dans les endroits défendus.

Il honore toutefois les savants, les « vrais » savants, ceux qui donnent raison par leurs théories à son infaillible instinct, confirmation bien inutile, d'ailleurs, puisque c'est au contraire cet instinct qui confirme ou infirme les théories scientifiques.

Mais le bons sens de l' « élite » reconnaît à la

Science un très grand prestige ; c'est une autorité de plus à ajouter à la sienne.

Il met donc un empressement, en général très exagéré, à exploiter à son profit les moindres mots ayant une apparence de portée scientifique. N'a-t-il pas attribué à Henri Poincaré la négation du mouvement de la terre ?

Cette bévue (revanche de Homais) permet de se figurer avec quelle joie et quelle facilité l'élite accueillit une hypothèse biologique d'après laquelle les êtres vivants avaient évolué en se perfectionnant d'autant plus qu'ils mettaient plus d'obstination à ne pas changer.

On en concluait que le progrès de la vie consistait pour la vie à demeurer ce qu'elle avait toujours été, qu'en somme il n'y avait pas de progrès de la vie, donc pas de Progrès en général, puisqu'il serait évidemment invraisemblable d'attribuer à aucune évolution un rythme différent de celui de l'évolution vitale, cause et type de toutes les autres.

Cette hypothèse, due à M. René Quinton, fut en faveur entre 1904 et 1910. On l'a quelque peu oubliée depuis.

∴

Rappelons-la brièvement :

Au commencement, l'Océan recouvrait toute la terre. Il était moins salé et plus chaud que nos mers actuelles, et, en raison du climat invariable des époques géologiques primitives, sa température était uniforme. La vie prit naissance dans son sein. Les organismes qui apparurent alors prirent la température et la salure du milieu ambiant qui se trouvait être en même temps leur « milieu intérieur », le liquide qui véhiculait jusqu'à leurs tissus profonds l'oxygène et la nourriture.

Mais les eaux baissèrent ; leur salure augmenta par l'effet de l'évaporation et de la filtration dans le sol ; en même temps surgissait la terre ferme où prirent pied nombre d'êtres vivants. Les climats devinrent variables, mais de telle sorte qu'en moyenne et dans l'ensemble notre monde se refroidit.

Comment la vie se défendit-elle contre des révolutions aussi dangereuses ? Pour ne pas altérer les conditions chimiques de permanence de leur substance intime, les animaux non-marins adoptèrent une méthode unique et s'y tinrent jusqu'à notre époque, ce qui fait supposer qu'ils s'y tiendront toujours : ils maintinrent en leurs fibres la salure initiale.

La même unanimité ne subsista plus quand il s'agit de parer au refroidissement. Certains animaux prirent le parti, tout bonnement, de s'y habituer ; d'autres, préférant réagir, activèrent leur foyer interne. Résignation ou résistance, cela fait deux méthodes bien distinctes ; mais il s'en faut qu'elles aient été appliquées d'une manière radicale.

Seuls, parmi les vertébrés, ceux qui demeurèrent animaux dits à sang froid, reptiles et possons, débutèrent par la résignation, que, jamais plus, ils ne cessèrent de pratiquer. Ils se laissèrent aller au gré des changements du monde ; à aucun moment des périodes géologiques, ils ne s'insurgèrent contre les intempéries croissantes ; quand ils ne les supportaient pas, ils succombaient ; les espèces les plus robustes, ou qui avaient eu la chance d'émigrer ou d'habiter sous des cieux plus cléments, survivaient ; à cela se bornait leur tactique : ils ne modifiaient rien d'essentiel à leur mécanisme vital. Aussi ne se transformèrent-ils pas, ou à peine ; nous les retrouvons donc à l'état de fossiles, et toujours sensiblement pareils, jusque dans les terrains très anciens, et concluons que les premiers vertébrés furent les poissons et les reptiles.

A l'autre extrême se placent les animaux qui, de transformation en transformation, ont fini par devenir des oiseaux. Eux, au contraire, furent les seuls à s'engager, à la fois d'emblée et sans défaillir, dans la voie de la résistance. Dès le début du refroidissement, ils s'attachèrent à la température traditionnelle de 43° dans laquelle leurs ancêtres avaient vécu depuis des

générations sans nombre ; et, comme elle changeait partout autour d'eux, ils la conservèrent en
leur corps par le moyen de retouches qu'ils
firent à l'intérieur et à l'extérieur de ce corps ;
nouveau refroidissement, nouvelles retouches, et
ainsi de suite jusqu'à nos jours.

Tout s'est passé, pour le reste des vertébrés,
comme si, ayant suivi d'abord l'exemple des
rebelles au refroidissement, ils s'étaient découragés les uns après les autres.

Prenons des chiffres purement arbitraires,
mais qui faciliteront l'exposé du système.

Les premiers découragés firent, par exemple,
dix retouches (symboliquement) et s'arrêtèrent.
Leur forme se fixa, devint celle qu'ils ont encore
aujourd'hui ; ce fut la première forme fixée
après celles des reptiles et des poissons, celle
dont on doit retrouver le fossile jusque dans la
couche géologique superposée immédiatement
aux couches dont le monopole exclusif appartient aux reptiles, poissons et autres organismes
inférieurs ; provenant de retouches importantes
à l'organisme, elle était déjà relativement très
évoluée, et les animaux qui en demeurèrent
revêtus conservèrent une température plus élevée
que les animaux à sang-froid, — mettons 25° —,
mais moins élevés que la température des seconds
découragés.

Ceux-ci, en effet, ne cessèrent que bien plus

tard de perfectionner leur dispositif de chauffage
interne, et après vingt retouches successives
(symboliquement) à leur type initial, vingt retouches qui leur assurèrent une température de 30°,
et donnèrent à leur corps une forme plus évoluée
que celle des animaux à 25° ; cette forme, une
fois fixée, une fois établie sur le modèle que nous
avons encore sous les yeux, apparaîtra à l'état
fossile dans la couche géologique succédant à
celle que caractérisent les squelettes des premiers découragés.

Des troisièmes découragés par rapport aux
seconds, on dira exactement la même chose que
des seconds par rapport aux premiers, et ainsi de
suite jusqu'aux oiseaux.

Rangez-donc les animaux actuels dans l'ordre
croissant de leur température intérieure, ce sera
précisément celui de leur apparition dans les
temps géologiques et de leur degré d'évolution,
de « progrès ».

∴

Telle est, en schéma, la théorie de M. Quinton.
Elle consiste, on le voit, à expliquer toutes les
transformations du monde organique par la tendance à maintenir les cellules vivantes baignées
dans un milieu qui perpétue l'antique Océan,
l'atelier de la force créatrice.

Cette théorie est curieuse ; elle concorde sans

doute avec certains faits et certains modes de l'évolution des êtres vivants, mais considérée comme exposition générale du principe même du transformisme, ce n'est guère qu'un roman scientifique.

Passe encore pour la doctrine de la constance de la salure : elle a été discutée par des savants, dont les plus compétents n'étaient pas en général d'accord avec M. Quinton, sinon sur les faits, du moins sur l'interprétation à leur donner ; débat infiniment complexe qui ne peut être suivi que par des spécialistes. D'après le système quintonien, d'ailleurs, le maintien de la constance de la salure n'aurait aucun rapport avec l'évolution. Que les émigrés de l'océan primordial soient devenus couleuvres, lézards, crapauds, carnassiers, ruminants, singes, oiseaux ou hommes, ils ont tous un sang ni plus ni moins salé ; donc les formes si diverses qu'ils prirent étaient sans influence sur la salure et la salure sans influence sur les variations de forme.

Il est facile, en revanche, de s'assurer que l'imagination a la part prépondérante dans les idées quintoniennes sur la « constance thermique ».

Voici, rangés dans l'ordre croissant de leurs températures, et suivant les données de M. Quinton lui-même, les principaux groupes de vertébrés autres que les reptiles et les poissons :

1 Monotrèmes (ornithorinque, échidné)..   25° à 30°
2 Marsupiaux (sarigue, kangourou)......   30° à 33°
3 Edentés (aï, tatou).................   31° à 34°
4 Pachydermes (hippopotame, élé-
    phant) ....   35°,3 à 35°,9
5 Primates (hommes) ....   37°,2
6 Rongeurs (rat) ....   38°,1
7 Carnivores et Ruminants (chiens,
    félins, ours, belettes, Bœuf, cerf,
    chameau) ....   39° à 41•
8 Oiseaux carinates ....   40° à 44°

Tels seraient aussi l'ordre de leur apparition
et l'ordre de leur progrès physiologique :
l'homme serait plus ancien que les rongeurs, les
carnivores et les ruminants, eux-mêmes plus
anciens que les oiseaux, et moins évolué dans son
organisme que le rat, le loup, le tigre, le bœuf,
eux-mêmes moins évolués que les oiseaux (1).

Or, d'après les paléontologistes (2), si l'on s'en
rapporte à l'ordre de superposition des fossiles,
les oiseaux précéderaient les mammifères supérieurs, pachydermes, rongeurs, etc... et l'homme
serait le dernier venu sur la terre.

M. Quinton réplique à cela que si l'on ne trouve

---

(1) René Quinton. — **L'eau de mer milieu organique.**
Paris, Masson et Cie, 1904, p. 435 et Note. — Voir aussi
l'exposé de la théorie de M. Quinton dans J. Weber : **Les
théories biologiques de René Quinton.** — Revue de Métaphysique et de Morale. Janvier 1905 p. 120.
(2) Voir notamment Ch. Depéret. **Transformation du
monde animal.** Paris. Flammarion 1907. pp. 252-257.

un fossile qu'à partir d'une certaine couche, cela
ne prouve pas son absence des couches antérieures. Il a raison, mais cela ne prouve pas davantage la présence du fossile dans ces couches antérieures. En un mot, M. Quinton s'appuie sur les
indications géologiques quand elles corroborent
son système et les corrige d'après son système
quand elles ne le servent pas. Si on lui montre des
squelettes d'oiseaux dans un terrain où il estime
qu'il ne *doit* pas s'en rencontrer, il se tire
d'affaire en les rapportant à des ébauches très
imparfaites, très lointaines, du vrai type oiseau.
Après tout, il plaide sans dossier contre des
savants dont le dossier n'est pas toujours très
fourni : faute encore assez vénielle.

Mais il tombe dans le fantastique lorsqu'il
affirme que les oiseaux sont plus évolués que les
mammifères tels que carnassiers et ruminants :
« Supériorité anatomique et physiologique de la
classe Oiseau sur la classe Mammifère, dit-il :
division plus poussée du travail physiologique...
organes et appareils nouveaux... (1) ». On croit
rêver en vérité ! Pourtant les mammifères, nul ne
l'ignore, « pondent » leurs petits tout faits, au
lieu, comme les oiseaux, de pondre des œufs où
ces petits sont encore à faire, et ils donnent à

____

(1). **L'Eau de mer, milieu organique.** pp. 435-436 et Notes.

téter à leurs nouveaux-nés, ce dont les oiseaux seraient bien empêchés : cela suppose l'acquisition d'appareils merveilleux et très nouveaux dont les oiseaux demeurèrent privés autant que les reptiles. Que pèsent auprès de cette « supériorité » et des complications de mécanisme qu'elle entraîne, les « supériorités » propres aux oiseaux : additions aux cavités respiratoires, paupières supplémentaires etc... ?

Réfection arbitraire de la paléontologie, appréciation inadmissible de l'importance relative des organes, tels sont les deux graves défauts d'un système qui pèche encore en beaucoup d'autres points.

∴

Du moins M. Quinton a-t-il toujours eu bien soin de spécifier qu'il ne s'occupait que de progrès physiologique. Il ne réclame nulle part l'application aux sociétés humaines de son principe évolutif.

Cette réserve ne fut pas imitée par une certaine école de sociologues monarchistes. La publication des théories de Quinton les illumina comme une révélation presque divine. Ils furent hypnotisés par cette idée de conservation qui domine dans les doctrines quintoniennes : *conservation* de la salure, de la température, c'est-à-dire du milieu intérieur, effort évolutif du monde vivant dirigé

par la tendance au maintien des conditions origi-
nelles, *ancestrales, traditionnelles*, de la vie :
progresser, c'était conserver. Ils ne s'avisèrent
pas que M. Quinton lui-même les eût certainement
détournés d'assimiler le progrès social à un progrès où l'homme se laisse dépasser par le lapin,
le chameau et le canard ; ou, si l'on fait cette
assimilation, il faut dire que la méthode conser-
vatrice est dégradante, puisque les vertébrés qui
l'ont suivie avec obstination sont devenus lapins,
chameaux, canards, alors qu'en l'abandonnant,
ils eussent pu devenir hommes.

L'erreur des sociologues en question est bien
étrange, mais bien instructive : elle montre que
nous sommes dupes des mots au point de défendre nos idées par d'autres idées qui en sont la
contradiction même. Nos passions, tapies à
l'affût de tout ce qui les excite, se déchaînent à
propos des mots suggestifs avec une telle soudai-
neté que l'intelligence dort encore quand elles ont
déjà déterminé nos discours et nos actes. L'enthousiasme précède la réflexion.

Celui de quelques-uns de nos monarchistes fut
grand.

« Cette justification de la Tradition que l'on
attendait de la Science, écrivait M. Georges
Valois (1), nous en possédons aujourd'hui les

----

(1). *L'homme qui vient*. — Paris, Nouvelle Librairie Nationale. 1906. Introduction.

moyens que nous devons à l'effort génial d'un Français, M. René Quinton... (ici une citation de M. Quinton)... Quelle lumière! C'est comme si une volonté divine nous était soudainement révélée. Une loi fondamentale de la vie nous apparaît, avec les obligations qu'elle nous impose, à nous, individus qui portons le fait divin qu'elle est... »

M. Paul Bourget, dans un discours au comité *Tradition-Progrès*, s'exprima ainsi :

«... M. Quinton a établi que chez tous les animaux ce milieu (marin) se conserve identique... Il y a... partout constance absolue du milieu vital... Qu'est-ce que cette loi de constance, sinon l'antique adage dont un des maîtres du traditionalisme, le spirituel et profond Rivarol, avait fait sa devise : *Res eodem modo conservantur quo generantur*. Comment ne pas être saisi d'une concordance, d'une identité plutôt qui correspond si bien à l'unité du plan de la nature qui veut que l'univers physique et l'univers moral soient construits sur les mêmes types... » (1).

Ayant passé une heure au Louvre avec M. Paul Bourget, M. G. de Maizière rapporte que l'illustre académicien dit entre autres choses :

«... Je veux m'en référer à cette loi de la vie qu'un grand savant, M. Quinton, a mise en évi-

____

(1). **Revue catholique et royaliste**. 1901. p. 451.

dence... Transportez dans l'histoire des peuples cette hypothèse, ne voyez-vous pas, par exemple, que le peuple bien portant par excellence, l'Anglais, n'a modifié la condition fixe de son existance propre que dans la mesure strictement nécessitée par l'évolution... En France, cette loi est méconnue... » (1).

∴

Ou, au contraire, pas assez méconnue, aurait proclamé le même M. Paul Bourget s'il avait donné de la doctrine quintonienne la même traduction que le regretté Rémy de Gourmont.

— Conservation, la lutte pour la température ! s'écriait celui-ci, vous voulez dire révolte ! L'être vivant a évolué dans la mesure même où il refusait de se soumettre. De poisson devenir tigre ou perroquet, c'est une révolution aussi considérable au moins que le passage de la monarchie la plus absolue au communisme le plus anarchiste.

Pourquoi ne pas interpréter ainsi le transformisme à la Quinton ? Il me semble que c'eût été beaucoup plus profitable pour la cause chère à M. Paul Bourget. Quand on ne se révolte qu'un peu on devient homme, quand, devenu homme, on cesse de se révolter, on reste homme, quand on

____

(1). **Le Gaulois.** 5 Juillet 1907.

fait de l'insurrection le plus sacré et le plus constant des devoirs, on finit sous la forme d'un volatile. Voilà la leçon que les royalistes eussent pu tirer du quintonisme pour confondre les esprits subversifs.

Or, justement Rémy de Gourmont était tout l'opposé d'un royaliste moderne. Esprit critique, avant tout, il ne craignait pas de démonter, d'une main sacrilège, les machines à fabriquer du respect. Il représentait parmi nous, avec beaucoup de charme et de talent, l'encyclopédiste honnête homme du XVIIIe siècle. Il était curieux d'idées scientifiques nouvelles. Mais cette curiosité, une passion chez lui, le fit tomber exactement dans la même erreur que les traditionalistes ses adversaires. Son engouement monta tout de suite au paroxysme pour un système dont la traduction en sociologie ou philosophie est si contraire à la logique que, faite par des traditionalistes, elle est la meilleure justification des idées révolutionnaires et par des révolutionnaires le témoignage le plus éclatant qu'on puisse rendre en faveur de la Tradition.

Rémy de Gourmont (1) posa lui aussi la cons-

----

(1). A lui et aux sociologues mentionnés il faut ajouter un certain nombre de philosophes dans la pensée desquels le quintonisme eut une répercussion importante. Citons entre autres M. J. Weber, loc. cit. et M. Jules de Gaultier : La vertu de l'illogique, Mercure de France, 1ᵉʳ Novembre 1907.

tance comme loi du Progrès ; c'était en somme nier le Progrès. Il s'efforça d'établir une *loi de constance universelle* en joignant aux lois de constance organique, soi-disant établies par M. Quinton, une loi de constance intellectuelle (1). L'homme, dit-il, est un animal de génie ; à partir du moment où il a été homme, il a toujours eu autant de génie, « les premiers âges de l'humanité constituent la période des grandes inventions... Cette période pourrait être considérée comme close au moment où paraît la première hache de bronze... » (2).

∴

Comment se fait-il qu'un nouveau Voltaire ou Diderot comme Rémy de Gourmont se rencontre avec des arrière petits neveux de Bossuet, avec des Pères modernes et laïques de l'Eglise, pour nier le Progrès ? et comment cette rencontre même le met-il en opposition avec eux ?

L'explication de ce paradoxe sera assez simple si l'on se rappelle comment était soutenue, à la fin du XVIIIᵉ siècle, la doctrine de la bonté foncière de l'homme. Jean-Jacques croyait à la supériorité morale du sauvage, parce que le sau-

____

(1) **Promenades Philosophiques**, 2ᵉ **Série**. Mercure de France, 1908, pp. 7-90.
(2). **Loc. cit.** pp. 67-69.

vage n'avait pas, comme le civilisé, l'âme déformée par une longue suite d'institutions sociales artificielles ; de là la nécessité de détruire ces institutions, de recréer une société dont les membres fussent unis entre eux par des liens de nature ; les réformes politiques désirables étaient donc, dans les idées de Rousseau, un retour en arrière vers un état primitif, très ancien, vers une humanité préhistorique, l'humanité de l'âge d'or ; c'était le contraire du Progrès : il n'y avait d'ailleurs pas de Progrès à rechercher, puisque l'homme était apparu sur terre avec toutes les perfections inhérentes à son essence d'être raisonnable.

Les *Philosophes*, contemporains de Rousseau, soutenaient la même thèse, mais, en général, sans prendre pour type le sauvage. Au contraire, ils proposaient comme modèle une vraie civilisation qu'ils cherchaient à reculer de plus en plus dans le lointain des âges. Bon pour la Renaissance de se contenter de la Grèce et de Rome ! Ils remontaient bien au-delà ; ils dépassaient même l'Egypte et la Chaldée (voir Appendice A. p. 213).

On s'explique par là que fauteurs et adversaires de la Révolution aient pu avoir des idées analogues sur le Progrès. Leur hostilité ne s'explique pas moins : les uns prétendaient que tous les clergés, depuis ceux de la Chaldée jusqu'à celui que régit le Pape, et y compris les pasteurs protestants, les rabbins, les oulémas, etc., n'avaient su manier que l'éteignoir ; suivant les autres, Dieu parlait par la bouche des ministres de la vraie religion ; la grandeur d'un peuple se proportionnait au crédit de leur enseignement.

Le parti contre-révolutionnaire s'efforçait d'étayer les vieilles institutions traditionnelles, le parti opposé les regardait comme une végétation malsaine qui avait étouffé la Tradition véritable, celle des premiers âges de l'humanité. Désaccord quand il s'agissait de définir la Tradition, accord sur la nécessité de revenir à une Tradition, de suivre une marche régressive.

Bien que la querelle philosophique d'où sortit le mouvement de 89 ne soit pas près de s'éteindre, les thèses qu'elle affronte ont passablement changé, au moins dans leur forme. C'est ainsi, en particulier, que les théories impliquant une appréciation optimiste de la nature humaine ne se rattachent plus du tout à l'idée de la perfection primitive de l'homme. Au contraire, les ennemis des principes d'autorité et qui, par là même, tendent à faire confiance au peuple, à le croire plutôt bon, pensent en général que nos premiers ancêtres étaient fort sauvages ; et le sauvage à la Rousseau a passé de mode.

Rémy de Gourmont est, à cet égard, parmi les non-traditionalistes, libres penseurs, anticléricaux, une exception qu'un bref coup d'œil rétrospectif jeté sur le xviii° siècle aide à comprendre.

Son athéisme résolu a beau le séparer de Voltaire et des contemporains de Voltaire qui croyaient à l'Etre Suprême, il leur ressemble beaucoup par ailleurs. Il était l'un d'eux revivant parmi nous. Cette similitude d'esprit, entretenue par de nombreuses lectures, le portait à embrasser les mêmes doctrines qu'eux, en les rajeunissant comme il convenait. C'est ainsi qu'il ressuscita l'idée de la perfection initiale de la nature humaine. Au lieu de la création par une Force aussi vague que raisonnable, il admit l'apparition brusque conforme aux théories récentes de de Vries. Il supposa doué d'une humanité complète l'homme dressé sur la terre par un soudain ressaut de l'évolution ; il lui attribua, comme don essentiel et tout de suite acquis ,la capacité au génie, de sorte que, suivant lui, les génies étaient aussi nombreux pendant l'âge de pierre que de nos jours. Il y a une concordance évidente de cette idée avec celle de Bailly (voir Appendice A. p. 213). qui jugeait notre espèce capable, dès le berceau, de fonder une civilisation très avancée. On trouverait, d'ailleurs, développés dans les œuvres de Bailly, les préjugés, qui ont souvent cours encore, sur l'extrême antiquité de certaines découvertes scientifiques. Rémy de Gourmont s'en inspira.

Tout ce qui précède nous montre, — et c'était là le but poursuivi, — qu'en étudiant la négation du Progrès dans Rémy de Gourmont, on saisira la théorie sous une formule moderne résumant des idées anciennes sur le même sujet et réunissant les points de vue d'écoles philosophiques, politiques, sociologiques très opposées. Ce sera donc considérer cette négation dans ses principes les plus généraux et les moins désuets.

Mais une discussion sur la *Constance intellectuelle* de Rémy de Gourmont a sa place dans l'étude du progrès de l'esprit. Il faut d'abord s'occuper du progrès de la vie organique vers l'esprit.

CHAPITRE III

De la matière vivante à l'esprit
Progrès biologique

Lorsque l'on parcourt les salles d'un musée où sont réunis les squelettes des vertébrés (autres que les poissons) fossiles et non fossiles, la première observation qui s'impose est celle de l'extrême antiquité du plan général suivant lequel s'agencent les os du squelette humain. Nous sommes encore des espèces de grenouilles. Les anciens empailleurs le sentaient bien lorsque, pour attirer le client, ils mettaient en montre des grenouilles qui se battaient en duel ; ils comptaient sur l'effet comique de ces figurines, parce qu'elles se prêtaient à caricaturer les attitudes humaines avec beaucoup plus de ressemblance et d'une manière beaucoup plus variée que n'importe quelles autres bestioles, des souris par exemple : des mains comme nous, même proportion à peu près entre les membres antérieurs et postérieurs. Or les grenouilles, des batraciens, appartiennent à la classe des reptiles qui peupla le monde dès la seconde moitié de l'ère primaire, bien avant les oiseaux et les mammifères.

A l'époque où les reptiles étaient les représentants de la vie organique la plus évoluée, ils revêtaient toutes les formes : volatiles tels que le ptérodactyle, tortues à cou de serpent comme le plésiosaure, crocodiles à nageoires comme l'ichtyosaure, gigantesques sarigues à bec d'oiseau comme l'iguanodon, quadrupèdes hauts ou bas sur pattes... Malgré cette infinie variété, presque tous s'en tenaient au plan général du squelette des batraciens : quatre membres avec, chacun, trois articulations principales, et terminés par des pattes à cinq doigts très analogues à nos mains. C'est dans cette faune qu'il faut chercher les formes qui devinrent celles des mammifères.

Quelquefois avant cette transformation, mais le plus souvent après, très longtemps après, certaines catégories d'animaux subirent, dans la structure atavique du squelette, de graves altérations : ils s'adaptaient étroitement à certain genre de vie, *ils se spécialisaient*, et cela par des atrophies de certains des os de leurs membres, accompagnées ou non de développements des autres os, mais jamais par addition d'os nouveaux.

Les cétacés, — baleines, marsouins, narvals, cachalots, — raccourcirent à l'extrême leurs « bras », tandis que leurs « mains », démesurément grandies et presque collées à leur corps, devenaient des nageoires ; de la « jambe » il ne reste chez les baleines que trois osselets, rudiments peu reconnaissables du bassin, du fémur et du tibia, et qui restent profondément enfoncés sous la chair. Les phoques (carnivores pinnipèdes), n'allèrent pas aussi loin dans la copie du type poisson ; ils conservent des membres antérieurs assez développés pour leur permettre, quand ils sont à terre, d'avancer à moitié en rampant, à moitié en marchant ; leurs membres postérieurs sont très raccourcis et très engagés dans le corps ; on en distingue toutefois la séparation : on dirait une queue de poisson fendue en deux ; ils ont quatre « mains » qui, grâce aux membranes tendues entre les doigts, forment nageoires. Ici, comme dans le cas des membres conservés des cétacés, l'atrophie réside dans le raccourcissement extrême des os correspondant aux radius, cubitus, humérus, tibia, fémur.

Elle atteint, au contraire, les doigts chez la plupart des quadrupèdes. Les doigts des carnassiers ne sont que des supports de griffes, ceux des éléphants saillissent à peine autour des gros tampons de caoutchouc que sont les pieds. Mais un parti autrement radical fut adopté par les chevaux qui, comme on le sait, ne gardèrent à chaque membre qu'un doigt dont les trois phalanges démesurément élargies se logèrent dans les sabots ; tout en s'allongeant, les métacarpiens (nos os du dos de la main) se soudèrent en un seul os, le canon, de sorte que les genoux du cheval correspondent à notre poignet.

Les rongeurs ont bien de petites mains qui donnent tant de grâce à l'écureuil quand il se met sur son séant pour porter une noisette à sa bouche ; mais elles servent plus à marcher qu'à saisir, elles ne se ferment pas sur elles-mêmes. Les doigts restent simplement plus en évidence que chez les carnassiers.

Beaucoup moins toutefois que chez les Lémuriens et leurs descendants, les singes quadrumanes ; ceux-ci grimpent plus qu'ils ne marchent, et non pas en enfonçant leurs ongles dans l'écorce des arbres ; ils se suspendent aux branches comme nous au trapèze, ce qu'ils ne sauraient faire sans des doigts allongés, bien détachés. De tous les mammifères, ce sont eux qui dessinent ainsi le plus nettement le squelette primitif. Or ils forment la lignée animale que l'homme vint un jour couronner.

Il n'y eut en somme dans toute la longue chaîne de formes qui se rattache par un bout à quelque reptile des temps primaires et par l'autre à l'homme qu'une seule modification au schéma du squelel e. Elle est aussi importante dans ses conséquences que minime dans son ampleur. C'est la différenciation entre mains et pieds. Les singes anthropomorphes, chimpanzés, orangs-outang, gorilles, l'esquissèrent ; ils méritent bien encore à peu près le nom de quadrumanes, mais les *paumes* de leurs mains postérieures s'allongent en se rétrécissant et sont seules utilisées pour la marche· ; non point que les grands singes progressent debout, voire avec le secours d'un bâton, comme on le raconte bien à tort : ils fléchissent les jarrets et l'arrière train, cambrent le buste, appuient par terre le dos des secondes phalanges de leurs mains antérieures et trottent l'amble, souvent à bonne vitesse ; telle est du moins l'allure des gorilles suivant Du Chaillu qui les a étudiés de près le premier et mieux que toute autre observateur après lui (1).

L'homme, aux bras courts, se redressa.

∴

Ces remarques trouvent leur explication générale dans la théorie que développe le livre intitulé

---

(1). Du Chaillu. — **Voyages et Aventures dans l'Afrique équatoriale.** — Paris, Michel Lévy. 1863. pp. 396-397 et 402-403.

The Origin of the fittest, l'*Origine du plus apte,* ouvrage d'Edward Drinker Cope, célèbre naturaliste américain (1). Il admet la *survivance du plus apte,* mais tout simplement en ce qu'il considère comme ayant été les plus aptes à survivre jusqu'à présent les animaux qui ont survécu jusqu'à présent, tautologie manifeste. A part ce point de conformité avec les principes darwiniens classiques, l'idée d'aptitude qu'impliquent les théories de Cope s'écarte d'eux absolument : l'animal le plus apte est pour lui tout le contraire du mieux adapté ; trop adapté, un animal est trop spécialisé, et trop spécialisé, incapable de résister aux variations du milieu, parce qu'il est plus étroitement « esclave de ses habitudes » et aussi parce qu'il est devenu incapable de varier lui-même. Des chances meilleures sont réservées aux mécanismes vivants qui, faisant moins bien ce qu'ils font, restent davantage bons à tout faire ; ils conservent la possibilité de varier sous l'action des perturbations géologiques et climatériques, et par là de survivre.

Le plus apte est ici le plus apte à évoluer, et il faut ajouter que c'est aussi le moins évolué.

______

(1). Londres, Macmillan, 1887. Voir surtout le chapitre intitulé : **De l'Evolution des Vertébrés, progressive et régressive,** pp. 314-349.

Cette idée familière, grâce à Cope, au transformisme contemporain (1), dissipe quelques grandes obscurités de l'évolution.

Le public instruit admet encore aujourd'hui que les mammifères descendant des reptiles et les reptiles des poissons, les poissons ont été en perfectionnant sans cesse leur organisme jusqu'au jour où ils ont donné naissance à un reptile, et qu'ensuite les reptiles ont progressé jusqu'au jour où le premier mammifère leur a succédé ; ainsi le reptile du degré le plus inférieur serait voisin du poisson le plus parfait, du plus poissonnant des poissons, du poisson-type, de même que le mammifère commencerait juste au point où la structure reptilienne atteindrait à son apogée. C'est tout le contraire que dit Cope. Il cherche l'ancêtre des mammifères chez des reptiles ébauchés qui ne s'étaient pas encore décidés à être franchement reptiles, comme celui des reptiles dans une tribu d'animaux hésitant encore à se faire poissons ou batraciens.

Cette tribu subsiste de nos jours, c'est celle des *Dipneustes*. Ils ont des branchies comme les poissons, des poumons comme les grenouilles adultes. On les rencontre dans des mares que

---

(1). Voir Charles Depéret. — **Les Transformations du Monde animal. Paris, Flammarion, 1907. Ch. XX. La loi de spécialisation des rameaux phylétiques,** pp. 211-222.

dessèche l'été australien ou africain. En hiver, ils mènent une vie de poissons, demeurant dans l'eau et respirant avec leurs branchies ; leurs poumons ne leur servent alors que de vessie natatoire. Quand approche la saison sèche, les dipneustes s'enfoncent dans la vase au fond d'un trou qu'ils bouchent avec leur mucus, et respirent alors à l'aide de leurs poumons.

Ou plutôt à l'aide de ce qu'on pourrait appeler un sac à air, à la fois médiocre poumon et médiocre vessie natatoire, donc non spécialisé. On comprend que les plus archaïques dipneustes, demeurés dans l'Océan primordial, aient perdu l'habitude de respirer avec leur sac à air et que les cellules des parois de ce sac se soient atrophiées de manière à constituer un tissu étanche même aux fluides gazeux, ce qui spécialisait le sac en vessie natatoire. On comprend que les dipneustes laissés dans les lacunes par la retraite de l'Océan aient été amenés à se servir de plus en plus, pour respirer, de leur sac à air à l'exclusion de leurs branchies, et que celles-ci aient fini par s'atrophier ; en même temps le sac à air se spécialisait dans la fonction d'appareil respiratoire, de poumon.

Quand je dis « on comprend », je veux simplement dire que l'on ne peut pas comprendre une marche inverse de l'évolution, et c'est là le grand intérêt des vues de Cope. Il serait absurde d'imaginer, conformément au vieux préjugé, qu'un poisson, bien et dûment poisson, ait jamais pu s'entraîner à la vie terrienne ; ayant deux appareils, l'un propre à respirer, les branchies, l'autre non, la vessie natatoire, il eût évidemment tenté de se servir du premier, et, en admettant qu'il eût réussi, il serait devenu un animal terrestre à branchies plus ou moins modifiées, non un animal pulmonaire.

De même en ce qui concerne le passage des reptiles aux mammifères. Cope (1) montre qu'il faut placer le début de cette transition entre l'ère géologique primaire et la secondaire, c'est-à-dire remonter au premier tiers de la période pendant laquelle les reptiles eurent l'empire de la faune terrestre : c'était au moment où achevaient de se déposer les couches permiennes, alors que vivaient les reptiles *théromorphes* (à forme de bêtes quadrupèdes). Jusque là, inclusivement, le bassin des vertébrés terrestres comportait une certaine pièce, l'arc sous-pelvien ; or cet arc, qui fait partie de l'ossature de tous les mammifères, disparaît chez les reptiles de l'époque secondaire. Et il faut remarquer que sa persistance chez les mammifères est connexe à leur spécialisation pour la gestation intra-utérine,

______

(1). **Loc. cit.** pp. 321.

car il a été utile par une certaine protection qu'il offrait au fœtus.

∴

L'évolution s'est faite ainsi par une succession de spécialisations qui étaient accompagnées de régressions correspondantes.

Spécialisation pour la vie sous-marine, régression des cellules du sac à air, spécialisation pour la vie terrestre, régression des branchies. Spécialisation pour la vie reptilienne, régression de l'arc sous-pelvien.

Les reptiles du type lézard avancent sur le sol en rampant et en s'aidant de leurs pattes ; ils rampent de mieux en mieux, ils allongent leur corps et perdent leurs pattes : les *Scincoïdiens* se lovent comme des serpents et ont des pattes minuscules dont ils ne se servent pas : parmi eux les *Bimanes* du Mexique ont perdu les membres postérieurs et les *Pseudopus* les antérieurs. L'orvet ne conserve sous la peau que des os d'épaule et de bassin. Les pythons ont encore un rudiment de bassin. Bref, spécialisation pour la reptation, régression des pattes.

Spécialisation du cheval pour la locomotion, régression de quatre doigts sur cinq. Spécialisation des cétacés pour la natation, régression des membres postérieurs. Demie spécialisation de l'homme pour la marche, régression des doigts de la main postérieure en doigts de pied.

Il n'y a pas de groupe d'animal qui ne soit en régression sur un certain point par rapport à un autre groupe : ainsi les mammifères montrent, si on les compare aux reptiles, une atrophie relativement très accentée de l'*os coracoïde* qui n'est plus chez eux qu'une crête osseuse sur l'omoplate, et de la *glande pinéale*, corps rouge pâle situé entre la moelle allongée et le cerveau, et que Descartes considérait comme le siège de l'âme vitale (1).

A côté de ces régressions, il y a eu bien entendu des progressions : les cellules composant certains organes se sont multipliées, et les cellules-filles n'étaient pas toujours semblables les unes aux autres. De là des accroissements de volume, des changements de forme, des annexes nouvelles qui finissaient par représenter des organes nouveaux. Le progrès général se poursuivait tant que les progressions l'emportaient sur leur contraire.

∴

On entrevoit pour ce progrès général la nécessité d'une fin. Ce soupçon naît lorsqu'on récapitule l'histoire du squelette des vertébrés autres que les poissons. Nous voyons d'abord le vieux

---

(1). E. D. Cope. — **Loc. cit.** p. 314.

plan — quatre membres terminés chacun par cinq doigts, — hésiter, se reprendre, subir des retouches, s'enrichir de complications nouvelles ; le bassin se forme ; certains membres de certains animaux prennent même plus d'articles osseux que ne leur en allouait le plan réglementaire : telle la rame de l'ichtyosaure, grand crocodile marin ; c'était à une époque où le squelette, comprenant encore des parties cartilagineuses, diffuses même, avait une grande plasticité. Plus tard les régressions se produisent. Elles arrivent à marquer des points d'évolution qui ne peuvent pas être dépassés : le serpent n'a plus de membres à perdre, la baleine pas davantage, si elle attache du prix à ses nageoires dont elle se sert aussi pour tenir contre elle son nouveau-né ; non plus que le cheval ne renoncera à son unique doigt, sous peine d'avoir les jambes plus courtes et moins souples.

L'évolution continuera-t-elle sa marche en rebroussant chemin ? Non, car elle n'est pas réversible : elle refuse de rendre au serpent des pattes, au cétacé des membres postérieurs, au cheval et à l'oiseau des doigts. Quand des pièces de la charpente animale sont atrophiées, elles demeurent telles, sans espoir, à moins de disparaître entièrement. L'observation en fait foi : on n'a jamais vu se régénérer si peu que ce soit des os rudimentaires comme le fémur et le tibia de la baleine. Voilà donc des formes de squelette parvenues dans leur marche évolutive à un butoir. Elles ont atteint visiblement un degré suprême de spécialisation, d'adaptation à un genre de vie déterminé.

Il est vraisemblable que ce terme existe, non seulement pour les squelettes donnés en exemple, mais pour tous les squelettes, mais pour toutes les formes animales dont ceux-ci font partie intégrante (1).

N'importe quelle variation aboutit à une spécialisation, et comme on ne conçoit pas que la spécialisation soit indéfinie, il faut bien croire à un épuisement nécessaire de la faculté de varier.

Cette conclusion se confirme encore si l'on considère l'évolution des germes (voir Appendice B, p. 216).

Les faits, eux aussi, tendent à démontrer que le monde vivant est actuellement parvenu au terme de son évolution. Tout le travail expérimental de la science sur les variations que la faune contemporaine est susceptible de subir n'aboutit qu'à prouver leur peu d'amplitude : elles engendrent des races (peut-être !) non des espèces nouvelles. Une explication très simple de

---

(1). Au moins quand il s'agit des formes supérieures : il n'est pas impossible que les formes inférieures, par cela même qu'elles sont peu évoluées, aient conservé de l'aptitude à évoluer.

cet échec, c'est que les espèces sont fixées, *ne peuvent plus* se transformer. D'autre part, la paléontologie ne découvre dans les terrains quaternaires aucune forme qui fût inédite pour les époques antérieures, sauf l'homme.

La forme humaine bénéficia, entre autres, d'une retouche relativement très récente. A l'époque où vivait encore l'homme de Néanderthal, apparut celui de Cro-Magnon, avec une face pareille à la nôtre, tandis que son congénère n'avait guère plus de front qu'un singe. L'homme varia donc presque certainement le dernier. Mais lui non plus ne varie plus aujourd'hui : entre notre ancêtre de Cro-Magnon et nous, il ne se produisit plus de différences qu'on puisse appeler différences d'espèces.

∴

Parvenu à ce terme d'une longue série de formes qui ont été sans cesse en se modifiant, on peut la considérer dans son ensemble et chercher à en marquer les principaux caractères.

Elle représente un progrès, assurément, puisqu'en partant de fragments de gelée, elle mène à un être capable de penser. Mais y a-t-il autre chose que notre haute estime de l'esprit qui justifie le nom de progrès donné à cette évolution ?

est-elle le progrès de quelque chose de relatif à la vie organique elle-même ?

Oui, elle est le progrès de complexité des organes. Plus les termes de la série approchent de l'homme, plus ils représentent des mécanismes aux rouages et au fonctionnement compliqués. Et il n'y a pas de lignée aboutissant à un animal quelconque où l'accroissement continu de ces complications soit plus grand que dans la lignée aboutissant à l'homme.

Les découvertes paléontologiques le prouvent.

M. Quinton et ses disciples le contestent : ils affirment l'oiseau plus en progrès physiologique que le mammifère, les carnivores et ruminants plus que les rongeurs, les rongeurs plus que l'homme, l'homme plus que le pachyderme (voir le tableau p. 26). On a vu combien était incompréhensible l'attribution aux oiseaux de la suprématie ; on verra peut-être encore plus difficilement ce qu'il y a, dans le lapin, de complexité organique qui ne soit pas en nous et même dans le porc ; M. Quinton ne l'a, d'ailleurs, jamais montré. Et en quoi, lorsqu'il y a doute, la hiérarchie des températures, qui fait foi pour le quintonisme, est-elle plus probante que la hiérarchie cérébrale ? Celle-ci est en rapport avec la complexité du système nerveux, lequel se développe en corrélation avec le reste de l'organisme.

Le progrès de la matière vivante vers l'esprit est donc le progrès biologique lui-même.

∴

Celui-ci, dont le trait principal nous est déjà apparu, grâce à Cope, se révèle comme un refus de spécialisations, d'aptitudes extrêmes, mais une acceptation d'aptitudes modérées, une combinaison de plusieurs aptitudes, une gradation, un tempérament établi entre elles. Comme animal, en effet, l'homme n'avait aucune prééminence physique ; il n'était ni le plus grand, ni le plus fort, ni le plus agile, ni le mieux armé par la nature ; il s'en fallait de beaucoup. Mais il appartenait à la moyenne supérieure : comme taille, il y avait moins de distance de l'homme au mammouth que de la musaraigne à l'homme ; et l'homme eût vaincu sans armes, rien que par la vigueur de ses muscles, le chien ou le loup ; il ne remportait le prix ni pour la vue, ni pour l'ouïe, ni pour le flair, ni pour le tact, mais s'il s'agissait de l'ensemble des sens, il figurait parmi les mieux doués. Il demeurait des plus médiocres pour la nage et la plongée. Il avait refusé l'aile à quoi il eût dû sacrifier la main.

Le progrès biologique s'est accompli non seulement par un choix des aptitudes mais par le choix du moment où il convenait de les acquérir. Ainsi notre lignée ancestrale a été la dernière à

se donner des membres spécialisés pour la locomotion. Retard nécessaire ; mais il était non
moins nécessaire de ne pas attendre que la
période évolutive fût close, sans cela nous serions
encore dans les arbres avec nos quatre mains.

∴

Il faut remarquer que toute spécialisation,
toute aptitude, par cela même qu'elle comporte
une idée de *plus* ou de *moins*, un degré, est par
le fait même l'aboutissant d'un certain progrès ;
le progrès biologique, dans son ensemble, est la
résultante de tous ces progrès partiels.

Chacun d'eux, Cope nous l'a montré, était
accompagné d'une régression. Or que signifie la
régression, sinon un autre progrès dans la voie
duquel on recule au lieu d'avancer ? A mesure
qu'un mammifère quadrupède progressait dans
l'aptitude à la vie aquatique en devenant successivement une sorte d'hippopotame, un siré-
nien (dugong, lamantin), une baleine, il reculait
aussi dans la voie du progrès de l'aptitude à
vivre sur la terre ferme jusqu'au point de s'interdire l'accès des rivages.

Tout progrès se paie donc par une certaine
quantité de progrès contraire qu'il fait perdre.
La perte est proportionnelle au gain. Vous récla-
mez beaucoup d'une spécialisation, il faudra
céder beaucoup d'une autre ; à des exigences

moindres, correspondront de moindres renonce-
ments : la loutre, qui s'est montrée plus modérée
que le phoque dans son ambition à régner sur les
eaux, conserve beaucoup plus de liberté que lui
sur terre. Il n'y a là qu'une simple compensa-
tion, une transaction au juste prix.

Mais on paie encore autrement : on paie par
une véritable dépense, une diminution de for-
tune. Chaque progrès partiel se fait aux dépens
de la marge d'évolution future ; il la rétrécit, il
entame le capital évolutif que possédait à l'origine la matière vivante. Les anciens dipneustes,
par exemple, étaient encore très pourvus de ce
capital ; leur perspective d'avenir embrassait
toutes les formes de vertébrés : ils pouvaient
devenir, au choix, poisson, reptile, oiseau, mammifère. Ceux qui perfectionnèrent leur poumon,
progrès partiel, ou leurs branchies, progrès partiel contraire, payèrent ces progrès l'un par
l'autre, mais en outre par une restriction de leur
pouvoir initial d'évoluer ; les premiers renon-
çaient à évoluer parmi les formes adaptées à la
vie sous-marine (non pas marine), parmi les
poissons, les seconds à la possibilité d'être
oiseau, quadrupède, reptile, amphibie.

Plus tard, et surtout à la fin de l'époque tertiaire, la capacité d'évolution devint très petite
chez beaucoup d'animaux, de sorte qu'une spécialisation, un progrès partiel trop accentués,

l'épuisaient entièrement. C'est ce qui arriva, comme on l'a vu, chez les serpents, les cétacés, le cheval.

∴

Cela ne veut pas dire que la sagesse eût consisté, pour une lignée d'êtres vivants, à ne pas évoluer du tout, sous prétexte de garder intact le patrimoine des espérances de développement organique. Si une amibe, petite cellule gélatineuse, pouvait avoir conscience de l'avenir du monde et en parler, peut-être dirait-elle :

— Les animaux supérieurs resteront ce qu'ils sont ou disparaîtront, parce qu'ils ont épuisé leurs chances de changement. Tandis que moi, être inférieur, j'ai conservé toute la jeunesse de la vie qui s'ébauchait dans l'océan primordial ; ma plasticité demeure la même ; donc, pour peu que je me mette à varier, j'aurai une aussi belle histoire que ceux de mes ancêtres qui étonnent aujourd'hui les savants par le mécanisme merveilleux de leurs assemblages —.

Rien ne prouve que ces prétentions à la plasticité ne soient pas justifiées. Mais la plasticité de l'amibe actuelle a manqué depuis si longtemps les occasions de se manifester qu'on ne voit aucune raison pour qu'elle fasse désormais ses preuves, d'autant que les occasions dont profita la vie à sa première aube étaient sans doute les seules bonnes et ne reviendront plus. L'amibe contemporaine s'y prend trop tard : il fallait suivre le mouvement, comme on dit. Une condition nécessaire, pour progresser, est évidemment de profiter de la phase de l'histoire universelle pendant laquelle le progrès a les moyens et le temps de se produire.

∴

En résumé, le progrès biologique peut se comparer à la gestion d'un capital de premier établissement remis · par la nature à la matière vivante et ayant « pour but » la création du cerveau pensant, le règne de l'esprit.

La lignée animale dont l'homme est le terme a seule réussi ; il n'y a donc pas d'autre gestion qui rivalise avec la sienne.

Cette lignée s'est engagée d'emblée dans la voie d'un progrès général qui devait se réaliser par la dépense complète du capital évolutif, de la capacité de varier. Mais elle n'a fait ses acquisitions de progrès partiels qu'avec prudence et économie ; elle a conservé ses derniers sous pour les derniers jours où l'évolution fût encore possible ; au cours de son exercice financier, elle déterminait avec soin le moment et la grandeur de ses dépenses : elle remettait à plus tard l'acquisition d'aptitudes dont la possession immédiate eût été compromettante pour l'avenir, et, quand elle se décidait à un achat, elle ne prenait d'une aptitude, d'une spécialité, c'est-à-dire d'un progrès partiel, que le strict nécessaire, de peur de s'interdire les autres.

∴

Cette allure du progrès biologique ressemblera beaucoup à celle de tous les progrès d'ensemble où interviennent des accroissements de complexités, d'intensités, de qualités, des adaptations. Or quel progrès d'ensemble n'en est pas là ?

Ce qui a été dit du progrès biologique s'appliquera donc en grande partie au **Progrès en général**.

D'autant que tout progrès se ramène au progrès de l'esprit ou en dépend et que celui-ci, rendu possible par l'évolution des êtres vivants, la prolonge elle-même.

En effet, depuis que le cerveau de l'homme est maître du monde, il y a inauguré une ère nouvelle de la faune et de la flore. Des espèces pourchassées par l'homme disparaissent ; il en protège d'autres qui, sans lui, eussent été destinées à succomber. Impuissant sur les variations de forme qui dépassent les limites de l'espèce, — certains disent même de la race, — il fait des prodiges avec celles qui correspondent à des variétés. Il a multiplié les bœufs et les moutons sans cornes.Il a diminué les pattes des bassets au point qu'on se demande si, avec un peu d'effort, il ne les supprimera pas complètement, de telle sorte qu'on aurait des chiens-serpents par le même procédé que la nature a employé pour faire un orvet d'un lézard. Quand on visite une exposition d'aviculture, on voit des poules changées en perdrix, en pintades, en dindons, des pigeons en passe d'acquérir, au bout des pattes, une seconde paire d'ailes. Les métarmorphoses du monde végétal sont bien plus extraordinaires encore : il serait facile de réunir une collection de plusieurs centaines de fleurs différentes dont aucune n'aurait la moindre ressemblance avec sa forme non cultivée. Le blé a été à ce point « domestiqué » qu'on ne peut se mettre d'accord sur la graminée sauvage de laquelle il provient.

Si des paléontologistes viennent de quelque planète dont l'humanité nous aura survécu, ils ne songeront donc jamais à confondre les fossiles de notre époque hitorique avec les fosiles précédents : ils en feront une catégorie à part. Dans le livre de l'évolution que sont les couches géologiques, l'homme ajoute ses propres pages aux pages déjà écrites par la nature.

Le progrès de l'esprit fait directement suite au progrès biologique dont il n'est que le développement. Evolution de la vie vers l'homme, évolution de la vie par l'homme, c'est un seul et même progrès.

CHAPITRE IV.

La Sélection et la Guerre

Les théoriciens de l'école qu'on pourrait appeler le darwinisme militariste veulent ériger la guerre en loi biologique générale.

Suivant eux, le phénomène qui prédomine dans l'évolution des êtres vivants, c'est la lutte pour la vie. Les animaux ont lutté entre eux, se sont fait la guerre entre eux. Victoire, survivance des forts et des habiles, défaite, disparition des faibles et des maladroits ; il y a eu sélection par la conservation de la race des premiers, par la suppression de celle des seconds.

Rien de plus faux que cette idée.

En biologie, « lutte pour la vie » n'est que le synonyme de « concurrence vitale » : les animaux concourent en effet pour la vie en ce sens que lors d'une épreuve quelconque, dangereuse pour la vie, certaines lignées animales y résistent, d'autres y succombent.

Mais il saute aux yeux que la plupart de ces épreuves n'ont rien de commun avec la guerre : des perturbations de l'atmosphère et du sol, par exemple, atteignent des animaux, en épargnent d'autres.

Bien plus, là où les luttes entre animaux prennent une forme violente qui les rendrait comparables à la guerre, elles ne sont ni la guerre, ni la lutte pour la vie entre groupes d'animaux concurrents.

Des êtres vivants d'une race donnée ne détruisent, en effet, des êtres vivants d'une autre race que pour s'en nourrir.

Dire qu'ils leur font la guerre n'a pas plus de sens que de représenter le mouton comme faisant la guerre à l'herbe, l'homme faisant la guerre au blé, aux pommes de terre, aux bœufs, aux volailles.

Le mangeur ne lutte pas pour la vie *contre* le mangé, puisque, bien au contraire, il dépend de lui pour vivre ; supprimez les mangés, les mangeurs disparaîtront par le fait même.

Il n'y a guerre que lorsque des animaux cherchent à tuer pour d'autres raisons que pour se nourrir.

Mais cela est tout à fait exceptionnel dans la nature : on ne connaît de guerres bien caractérisées que chez deux familles d'insectes : les fourmis et les abeilles.

La guerre, ou ce qu'on pourrait assimiler à la guerre, ne représente donc pas un agent de l'évolution biologique.

Elle ne contribue en rien à l'ensemble de la sélection dont la faune et la flore contemporaines seraient le résultat.

Que signifie d'ailleurs cette prétendue sélection ? Elle a favorisé des animaux aussi différents que le tigre et la limace. Dans quel sens choisit-elle donc ? Et si elle choisit dans n'importe quel sens, pourquoi l'appelle-t-on une sélection ?

On ne découvre pas davantage de pouvoir sélectif attribuable, par exception, aux guerres des fourmis et des abeilles : ces luttes à mort ne contribuent pas à développer une race au détriment d'une autre, puisque les guerres entre insectes d'une même race sont aussi fréquentes et violentes qu'entre insectes de races différentes, puisque les espèces d'insectes qui font la guerre ne valent ni plus ni moins, ne périclitent ni plus ni moins que celles qui ne la font pas.

(Voir pour le développement de ce paragraphe l'Appendice C p. 219).

L'homme fait la guerre. Si on le considère du point de vue biologique général, cela n'ajoute qu'une espèce de plus aux quelques dizaines d'espèces dont les cités se battent. Mais l'homme occupe une place à part ; il a un orgueil qui dépasse de peu son mérite et lui fait dire : — la guerre n'a pas d'importance chez les insectes parce que ce sont des êtres inférieurs, tandis que si je la fais, elle prend une haute et universelle signification ; sa portée scientifique devient de premier ordre, parce que je suis l'homme.

Ces prétentions ne sont aucunement justifiées au point de vue scientifique. Pas plus chez nous que chez la bête, la guerre n'a un pouvoir sélectif dans une direction déterminée ; ses choix sont aussi arbitraires parmi nos races que parmi les races de fourmis, tantôt bons, tantôt mauvais, tantôt favorables à une qualité, tantôt à la qualité contraire, et le plus souvent ils sont inexistants.

Car, contrairement aux idées des théoriciens, l'histoire ne nous présente presque pas de guerres de race, d'où il suit que la guerre n'a été apte que par exception à détruire ou diminuer une race au profit d'une autre race. Je ne connais qu'une seule série bien déterminée de conflits de cet ordre : les guerres menées par l'Egypte des Pharaons. Les Egyptiens différaient nettement, par leurs traits physiques, de tous les peuples qui les entouraient : Lybiens, Ethiopiens, Asiatiques, *Peuples de la Mer*, de sorte qu'ils faisaient une guerre de races toutes les fois que ce n'était pas une guerre féodale intestine.

Rien de tel ailleurs.

On appelle guerre de races la guerre des Grecs contre les Perses. Mais si l'on croit à l'aryanisme, on devra dire qu'elle opposait des peuples du même sang, les uns et les autres passant pour Aryens. Sans compter que les Grecs ont toujours rencontré des Grecs du côté des Perses : tyrans hellènes d'Asie mineure, Thébains, Thessaliens... au temps des premières guerres médiques ; le conflit était donc du même coup entre Grecs. Dans la dernière phase de la guerre du Péloponnèse, Athéniens et Spartiates se disputaient à prix d'or l'alliance des satrapes. L'hellénisme qui commença de bonne heure à s'implanter jusqu'à la cour des successeurs de Darius, hâta son triomphe par les conquêtes d'Alexandre, un Macédonien, donc non pas un Grec, un hellénisé. Admettons cependant que ce fût un effet de victoires grecques ; plus tard celles-ci n'y furent plus pour rien : lors notamment que l'empire romain d'Orient cessa de parler latin pour parler grec et lorsque, depuis l'Euphrate jusque dans le Turkestan chinois actuel, jusque dans les Indes, l'influence grecque se répandit sous l'égide des Parthes arsacides qui eux, certes, n'avaient rien de grec et ne se donnaient que comme philhellènes.

Au surplus les Grecs des temps historiques les plus reculés n'ont jamais été une race, mais un ensemble de peuplades parlant des dialectes apparentés appelés grecs.

Rome passa les quatre premiers siècles de son existence à conquérir un tiers de l'Italie actuelle, s'alliant à des Latins contre des Latins, à des Etrusques contre des Etrusques, ou des Latins, ou des Samnites ; la race était indifférente aux combinaisons. Plus tard, quand son empire s'étendit, ses guerres ne furent pas davantage des guerres de race, puisqu'elle alla en Gaule appelée par des Gaulois, et partout ailleurs, appelée par une tribu, une cité, un royaume, contre la tribu, la cité, le royaume voisins.

Ce procédé d'intervention était général au temps de la civilisation méditerranéenne.

Il a subsisté dans les guerres coloniales modernes où on allait secourir l'Hindou, contre l'Hindou le Peau-Rouge contre le Peau-Rouge, où on va encore sauver le nègre du nègre.

Les Espagnols ont beaucoup plus fait la guerre, et une guerre plus exterminatrice, aux indigènes d'Amérique que les Anglo-Saxons. Quelle sélection en est-il résulté ? Les Peaux-Rouges des Etat-Unis ont presque disparu, tandis que, sur le territoire des républiques soit-disant latines, le peuple est resté le même peuple que du temps de Fernand Cortez ; il a mis des pantalons, va à la

messe, et parle espagnol (et encore pas toujours :
en Bolivie il conserve le langage quitchua) ; c'est
un changement, mais pas ethnique, bien qu'il
serve d'argument aux théoriciens de l'infériorité
des « races » latines. Une forte dose de guerre a
laissé pulluler l'indigène américain du centre et
du sud peu guerrier, très apte à être supprimé
par les massacres ; une faible dose de guerre a
coïncidé avec le dépérissement des peuples guerriers du nord. La guerre n'est donc ici qu'une
causes accessoire de sélection, et si c'est elle qui
a choisi, elle a choisi les moins beaux hommes.

En Nouvelle-Zélande, il y a eu des guerres
véritables entre Blancs et Maoris, pas de guerres
entre Blancs et indigènes d'Australie (sauf quelques meurtres et brigandages) ; résultat : ces
derniers tombent à l'état de curiosité rare ; les
Maoris sont devenus des *gentlemen*, les frères
d'armes, les égaux des Blancs, dans les troupes
de l'Anzac.

Beaucoup plus que la guerre, ce sont la tuber-
culose, la syphilis, l'alcool, apportés par les
Blancs, qui ont éprouvé la vitalité des hommes
dits sauvages, éliminant les uns, conservant les
autres.

Les Iroquois, Hurons, Mohicans, Delawares
etc., etc..., ne vivent plus que dans les romans
de Fenimore Cooper, tandis que les anthropopha-
ges congolais ne marquent aucune tendance à

dépérir. Qui choisit là : la guerre ou le climat ? Un climat favorable aux Européens fait qu'ils éliminent, parfois sans guerre, d'assez belles peuplades ; un climat où ils ont peine à vivre les rend impuissants, fût-ce avec beaucoup de guerres, contre des sauvages hideux et dégradés. Sélection opérée en faveur de ceux-ci.

Les guerres qui comptent pour nous, et en somme pour le monde, les guerres européennes, ne peuvent pas être des guerres de races, puisque, quelles que soient les combinaisons, il y aura toujours dans les deux camps des dolichocéphales et des brachycéphales, des soi-disant Aryens, des soi-disant Alpins, des bruns et des blonds, grands ou petits. On commence à admettre, en effet, que l'Europe est une mosaïque de races où la plupart des morceaux sont très mélangés. La guerre de races, entendue comme opposant deux races distinctes, y est donc impossible.

La sélection de race par la guerre a été essayée par des conquérants, qui pour s'assurer l'empire, se constituaient en caste aristocratique et guerrière. Cet expédient a toujours fait faillite : ou bien l'envahisseur n'a pas su se préserver du métissage et s'est fondu avec le vaincu au point d'en être indiscernable, ou bien, quand il a su interdire les mésalliances, il a été décimé par les combats. Les Spartiates subirent ce sort : dès la fin de la guerre du Péloponnèse, ils étaient déjà si réduits qu'ils se voyaient obligés à admettre des généraux et même des rois laconiens, c'est-à-dire appartenant à la population dont ils avaient conquis le territoire lors de l'invasion dorienne, et au-dessus de laquelle ils formaient caste.

Il est possible, comme le prétendaient les écrivains athéniens, presque tous aristocrates, que les Spartiates aient été les « meilleurs ». Donnons-leur, si l'on veut, la palme de la valeur physique. Leur histoire montrerait comment la guerre peut être une sélection à rebours. Si les meilleurs sont ceux qui se font tuer, et si, comme le dit le proverbe, ce sont toujours les mêmes qui se font tuer, il est clair qu'il n'en restera bientôt plus, pour peu qu'une guerre dure.

C'est ce qui s'est passé dans une certaine mesure pendant les guerres de Napoléon et encore plus pendant la guerre actuelle : il y a sélection à rebours. Tous les pères de la génération de demain sont sujets à servir la patrie : un quart d'entre eux est inapte au service, un quart est tué. Si la paix avait été maintenue, un quart des générateurs étaient physiquement disgraciés; la guerre a passé : ce sera un tiers. (Propòrtions que je donne simplement à titre d'image).

Quand la sélection se produit à rebours pour des belligérants, elle avantage par le fait même ·

ceux qui ne se battent pas ou se battent moins. Tout se sera passé, pendant la Grande Guerre, comme si une sélection s'était opérée en faveur des Asiatiques, des Américains, des Scandinaves, des Hollandais, des Espagnols. La valeur à venir de l'ensemble de l'humanité en sera-t-elle amoindrie ou augmentée ? On ne sait.

Il y a gain certain quand ce ne sont que des Barbares qui se déciment entre eux : la civilisation en tire profit.

Admettez que les Spartiates aient été d'une culture générale inférieure à celle des Laconiens, leur disparition par la guerre eût équivalu à l'effet d'un choix éclairé.

.˙.

Comme conclusion, la guerre n'est pas un fait scientifique, elle n'est qu'un fait historique.

Pour qu'elle fût un fait scientifique, il faudrait qu'on pût l'assimiler à quelqu'un de ces phénomènes naturels dont la production s'accompagne d'effets constants. Quel effet constant serait attribuable à la guerre ? La sélection. Mais la sélection elle-même n'a aucune constance si elle n'a rien de fixe ni en direction, ni en signification; or tel est son cas dans la nature, aussi bien quand elle résulte de la simple action du milieu physique que lorsqu'elle aurait pour cause une soi-disant lutte violente entre les êtres vivants.

(Voir Appendice C, p. 219). La théorie suivant laquelle la guerre représenterait un agent général de l'évolution biologique n'est donc que verbale.

La guerre choisit bien, mal, autrement, à tort et à travers, parmi les groupes d'êtres vivants entre lesquels elle s'exerce ; elle choisit comme un coup de dés, comme les accidents dont les gouvernants sont victimes choisissent les destinées des peuples. Demandez si c'est, au point de vue politique, un bonheur ou un malheur, ou un évènement indifférent, qu'un homme d'Etat périsse dans une automobile qui fait panache ; on vous répondra : — cela dépend, — ou, plus sagement encore : — on n'en saura jamais rien, car quoi qu'il arrive après cette mort, on n'aura aucun moyen de vérifier si ce qui serait arrivé sans cette mort n'eût pas été meilleur, ou pire, ou plus indifférent.

Aussi bien doit-on traiter les guerres comme des évènements accidentels, lesquels se classent, pour peu qu'on les remarque, parmi les faits historiques.

Elles sont comparables, par exemple, aux accidents de chemin de fer. Bien que chacun d'eux, en particulier, ait été évitable, les Compagnies de chemin de fer elles-mêmes conviennent qu'il y en aura toujours ; elles n'espèrent que de les raréfier.

C'est cette considération seule qui fait qu'on ne déraisonne pas lorsqu'on affirme que le renouvellement indéfini des guerres est fatal.

Comparaison toutefois n'est pas raison, et il y a assez de différences entre la guerre et les catastrophes du rail pour que le pessimisme des ennemis de la guerre n'égale pas celui des Compagnies. On aura à revenir là-dessus.

Il suffira pour le moment d'enregistrer que c'est un non-sens de justifier la guerre par la science, d'ériger la guerre en agent de progrès pour les races des êtres vivants. Guerre et progrès sont ici deux notions, non pas connexes, non pas contraires, mais étrangères l'une à l'autre.

CHAPITRE V

Le Progrès de l'Esprit

Y a-t-il un progrès de l'esprit ?

A en croire la curieuse étude de Rémy de Gourmont sur la *Constance intellectuelle* il semblerait bien que non.

L'intelligence humaine, nous dit-il en substance, dépend du cerveau humain. Or, à partir des crânes de la race de Cro-Magnon, appartenant à la période la plus reculée de la préhistoire, le crâne humain est resté sensiblement le même, d'où on doit conclure que ce qu'il y a dedans, le cerveau, n'a pas changé, et l'intelligence, que le cerveau conditionne, pas davantage.

Des preuves sont apportées à l'appui de cette présomption. Rémy de Gourmont invoque le prodigieux génie d'invention dont l'homme a fait preuve depuis qu'il existe.

Et, avant tout, la conquête du feu. Chaque étape de cette conquête a de quoi nous émerveiller. On sait que l'homme apprit à conserver le feu avant de savoir le produire ; mais rien que dans cette idée que l'on pourrait retenir indéfiniment le feu, cet être subtil qui dévore les choses et puis disparaît, quelle intuition admirable ! Plus tard, engendrer le feu, le forcer à naître d'objets froids, de cailloux, de morceaux de bois, où rien ne se manifestait qui parût être son germe, c'était proprement du miracle.

Outre le feu, toutes les inventions de l'industrie fondamentale, la fabrication d'outils en silex, l'agriculture, le tissage, la domestication des animaux, la navigation, la métallurgie enfin, tout cela suppose une infinité de coups de génie, et tout cela est de la préhistoire, appartient à l'humanité primitive.

L'art date d'aussi loin, puisque, dès l'époque de la pierre taillée, des animaliers, que l'on n'a jamais dépassés, sculptaient sur l'ivoire de mammouth ou la corne de renne, ou reproduisaient sur les parois des cavernes les formes de la faune leur contemporaine et dont une partie a disparu.

« L'astronomie, dit Rémy de Gourmont, était complète le jour qu'un berger chaldéen eut connu que le soleil était le centre du monde et la terre une des toupies qui l'encerclent (1)... Con-

---

(1). **Promenades philosophiques.** — 2ᵉ Série. — **Une loi de constance intellectuelle.** Paris, Mercure de France. p. 82

templons le ciel et découvrons l'astronomie. C'est ce que Copernic lui-même n'a pas fait. Il connaissait l'hypothèse ancienne que les compilations grecques avaient maintenue à la surface de l'eau. Son génie fut de s'en laisser éblouir. Mais quel fut-il donc, le génie de ceux qui d'abord la posèrent ? Il dépasse presque nos facultés d'admiration ; il va presque jusqu'à justifier Creuzer et Renan (qui croyaient à la supériorité des anciens). Nicolas de Cusa, Copernic, Kepler, Galilée, Newton se réunissent pour maintenir l'intelligence humaine au niveau primitif ; ils en prouvent la constance ; ils se mettent sur le même plan que la plus ancienne science » (1).

Je souligne cette phrase qui met en relief la pensée de Rémy de Gourmont : *Copernic, Kepler, Galilée, Newton ne font que maintenir l'intelligence humaine au niveau primitif.*

Rien de plus net : il n'y a pas de progrès de l'intelligence humaine, du génie humain, de l'art humain, donc de la sensibilité humaine ; pas de progrès en général de l'esprit.

L'humanité morale ne suit donc pas dans sa marche une voie toujours en moyenne ascendante ou toujours en moyenne descendante, elle se meut sur une plaine diversement accidentée dont

____

(1). Loc. cit. p. 83.

les reliefs les plus élevés se montrent un peu partout et ne dépassent pas une certaine altitude. « Les montagnes de l'avenir ne sont pas plus hautes que les montagnes du passé, mais elles le sont autant » (1).

∴

On discutera cette thèse en considérant, dans l'esprit humain, deux ordres de choses qui se laissent assez facilement distinguer l'un de l'autre : les dons et l'acquis.

Les dons, ce mot se comprend assez bien de lui-même ; tout le monde entend ce que signifie avoir des dons, être bien doué ; on comprend sous ce terme les facultés de l'âme, intelligence, mémoire, sensibilité, volonté, caractère, aptitudes artistiques et autres etc... Le génie, dans le langage de Rémy de Gourmont est synonyme de dons de l'esprit.

L'acquis, c'est le développement que les facultés de l'âme ont pris par l'effet même de leur exercice.

On n'a pas besoin d'aller plus loin pour apercevoir tout de suite une grave difficulté de la thèse de la *Constance Intellectuelle*.

Les aptitudes mentales sont comparables à des

______

(1). Loc. cit. p. 85.

organes, et comment juger un organe autrement que par son fonctionnement ? Un homme a beau avoir un tempérament d'athlète, s'il passe sa vie assis dans un fauteil, ses muscles s'atrophieront; un gymnaste professionnel médiocre sera beaucoup plus fort qu'un individu naturellement très vigoureux mais qui n'aura pratiqué aucune culture physique spéciale.

Faire la part du don et de l'acquis, classer les gens d'après leurs dons innés tout seuls, l'entreprise serait déjà impossible dans l'ordre physiologique. Combien plus dans l'ordre psychologique où les moyens de mesure sont si dépourvus de précision !

Qui distinguera une splendide intelligence en léthargie d'une intelligence nulle ? Il y a des illettrés intelligents, mais tout porte à croire que l'intelligence qu'on leur reconnaît, celle qui les rend remarquables parmi des paysans et des ouvriers manuels, aurait fait d'eux de grands administrateurs, financiers, hommes d'affaires, hommes d'Etat, industriels, s'ils avaient reçu de l'instruction, non des génies spéculatifs. Ceux de ces illettrés qui eurent des cerveaux pareils aux cerveaux dont furent dotés en naissant les maîtres de la pensée scientifique et philosophique, ceux-là demeurèrent en léthargie, rien ne vint les réveiller. On les ignorait de leur vivant, eux-mêmes s'ignoraient ; on les ignorera toujours autant dans leurs individualités que dans leur nombre, lequel se chiffrera avec autant de vraisemblance par un ou deux, ou trois, ou davantage, — à condition qu'il reste petit, — ou par zéro.

S'il en est encore ainsi aujourd'hui, en Europe occidentale, où les occasions de réveil sont innombrables, comptez donc, à telles ou telles époques de l'histoire et de la préhistoire, les Newton, les Laplace, les Pasteur, les Archimède, qui n'ouvrirent pas les yeux ! il y en eut peut-être beaucoup, peut-être pas un.

Qu'il y ait constance ou progrès ou décadence de la *capacité intellectuelle* des hommes, cela demeure dans l'inconnaissable le plus opaque ; nous ne percevons que les *manifestations de l'intelligence*. Constance intellectuelle signifie donc qu'en moyenne ces manifestations ont toujours été aussi éclatantes et aussi nombreuses. Alors il faut conclure à la décadence intellectuelle, car si autant de génies qu'aujourd'hui se réveillèrent à l'époque de l'âge de pierre où les occasions de réveil étaient infiniment plus rares, c'est qu'au total, léthargiques et non léthargiques additionnés ensemble, il y avait aussi infiniment plus de génies. Soit ! Mais pourquoi la capacité des crânes de Cro-Magnon ne dépasse-t-elle pas celle des nôtres ? Objection nulle pour les gens qui admettent l'indépendance de l'âme et du cerveau ; Rémy de Gourmont niait l'âme autonome ; comment eût-il répondu ?

Sa thèse aboutit donc à une double contradiction.

Elle présente encore un autre défaut non moins considérable : elle emploie la méthode littéraire, esthétique plutôt, alors que la méthode historique, documentaire, lui conviendrait seule.

Rémy de Gourmont juge en artiste : par les résultats. Quand une œuvre est très belle, on la proclame engendrée par un coup de génie ; il n'y a pas à aller plus loin ; qu'elle soit le fruit d'une fièvre inconsciente ou d'un travail lent et réfléchi, peu importe.

Sont ainsi traités par Rémy de Gourmont les produits où a collaboré l'intelligence raisonnante : l'homme est venu au monde sans le feu, il a allumé le feu, résultat merveilleux, coup de génie. Merveilleux, sans nul doute, mais où la part d'intelligence peut varier dans des proportions énormes suivant ce que furent les circonstances réelles. Comme on ignore tout de ces circonstances, on ne saura jamais rien de la valeur des inductions ou déductions qui contribuèrent à la découverte capitale de l'humanité.

Pour jauger avec tant soit peu d'exactitude la proportion d'intelligence, géniale ou non, qui intervient dans les coups de génie intellectuels, il faut connaître la genèse de ces coups de génie ;

les documents historiques écrits nous la fournissent seuls. Grâce à eux, nous pouvons nous faire une idée du génie d'Aristote, d'Euclide, d'Archimède, de Galilée, de Newton. Faute de leur aide, impossible de décider si l'inventeur du filet a eu plus ou moins de génie que l'inventeur de la production du feu par frottement, et en quoi le génie de ce dernier diffère du génie des premières abeilles ou guêpes qui façonnèrent des gâteaux de cellules hexagonales. Or Rémy de Gourmont s'appuie principalement sur la préhistoire, et n'effleure qu'à peine l'histoire, et encore en s'en excusant.

∴

Quelques exemples montreront combien il est impossible d'apprécier le degré de génialité *intellectuelle* des premiers inventeurs.

On sait que le feu est encore allumé chez quelques tribus sauvages par le frottement de deux morceaux de bois l'un contre l'autre.

Trois historiques de cette invention sont imaginables, parmi des dizaines ou des centaines d'historiques, suivant qu'on a plus ou moins d'imagination.

Premier historique :

Sachant, grâce à l'expérience ancestrale, que le frottement produit de la chaleur et que plus le frottement est rapide et énergique, plus les corps frottés s'échauffent, un homme fait cette induction géniale : l'*échauffement, toujours accru, finira par devenir du feu*. Guidé par cette pensée, l'inventeur tâtonne, essaie des morceaux de bois de diverses formes, de diverses essences, des manières diverses de frotter ; il réussit enfin.

Le degré de génie intellectuel est ici surhumain. Notez d'abord que, chez les gens non avertis par le désir de recherche intellectuelle, l'expérience ancestrale n'est l'objet que d'applications instinctives, inconsoientes, non de réflexions. Pour des esprits sans culture, ce que « tout le monde sait » est précisément ce qu'il est inutile, ou plutôt absurde, bizarre, fou, de remarquer ; eux-mêmes, *ne peuvent pas* le remarquer. Aussi l'homme qui porta son attention consciente sur la chaleur due au frottement est-il un initiateur sublime, le fondateur de la science qui, elle, ne commença d'exister que le jour où l'on s'appliqua au banal, à ce qui est toujours la même chose, comme, par exemple, la course du soleil.

En second lieu, il faut se rendre compte à quel point est méritée l'épithète de « géniale » que j'ai décernée à la divination par laquelle notre archaïque inventeur s'est encouragé à frotter ensemble beaucoup de petits bâtons. Pour lui, comme pour l'observateur primitif, le feu c'était la flamme, et si la flamme n'allait pas sans chaleur, il y avait aussi de la chaleur sans flamme,

comme, par exemple, celle d'un caillou noir
exposé à un soleil ardent, celle d'une source ther-
male, celle du corps humain. Il a fallu que l'inventeur se dise : --- la chaleur, c'est déjà un peu
de flamme, mais invisible et trop faible pour se
nourrir ; si on l'augmente, on finira par la rendre manifeste, et elle sera capable de dévorer du
bois, des herbes sèches... On pourrait sans doute
l engendrer du frottement de deux pierres, mais
elle ne mange pas de la pierre ; il est plus simple
de recourir au bois qui lui servira d'aliment dès
son apparition et l'empêchera de défaillir. —
Que de généralisations, de jugements par
analogie... quel travail logique en un mot, et de
la part de gens qui n'avaient pour ainsi dire
aucun instrument logique! C'est, à mon sens, une
œuvre si miraculeuse que je ne crois en aucune
façon à la genèse de l'allumage du feu par frottement telle que je viens de la raconter. Mais
mon but a été de la comparer à d'autres genèses,
hypothétiques aussi, plus vraisemblables, et où la
part de génie intellectuel est infiniment moindre.

Deuxième historique :

Une tribu primitive a le feu ; elle sait le conserver, non le produire (l'humanité a commencé
par là, on s'accorde à l'admettre). Elle sait aussi
travailler le bois. Ses charpentiers ont des tarières avec lesquelles ils percent des trous dans des
poutres pour y enfoncer des chevilles ; mettons

que ces tarières soient en bois dur d'une espèce analogue au bois de fer. Quelqu'un invente de les faire tourner alternativement dans un sens et dans l'autre, et très vite, à l'aide d'un archet ; cela accélère la besogne. Le jour où l'on percera ainsi un morceau de bois très tendre et très sec, ce qui finira bien par arriver, il s'enflammera... Une fois devenue courante dans notre tribu de charpentiers, la production du feu a pu se répandre chez des hommes moins bien outillés qui remplacèrent l'archet en roulant la baguette de bois dur entre leurs paumes. On conçoit à la rigueur qu'ensuite la méthode ordinaire de frottement ait dérivé de la précédente, application bien géniale cependant.

Troisième historique :

Cela se passe encore dans une tribu de charpentiers ayant et sachant conserver le feu. Des enfants jouent avec les morceaux de bois qui traînent un peu partout. Ils imaginent un beau jour de jouer à frotter ensemble ces morceaux de bois ; c'est à qui les échauffera le plus. Bien entendu, comme ils ne sont pas assez forts, aucun d'eux jamais ne les allumera. Mais un adulte passe, qui a des loisirs : — Je vais jouer aussi ! — Il veut montrer sa vigueur : cela amuse les enfants et lui-même au moins autant. Il finit par produire le miracle du feu...

∴

Voilà donc trois genèses imaginables de la grande invention. Le degré de génialité, surnaturel dans la première, paraîtra de prime abord nul dans les deux autres, où je l'estime au contraire trop élevé pour qu'il ne vaille pas la peine, au nom de la vraisemblance, de le réduire. D'abord je présuppose toujours la possession du feu et l'art de son entretien, sans lesquels on n'aurait pu sentir la valeur du phénomène que l'on provoquait ; sa production serait demeurée un jeu : faire un peu de fumée, d'incandescence, puis de bois noirci. Ceci posé, on ne devait pas encore attacher d'importance à cette expérience si le feu était simplement d'une utilité pratique : à quoi bon se donner du mal puisque, sans aucune peine et au prix d'un peu de surveillance et de quelques poignées de brindilles, on avait autant de feu qu'il en fallait ?

Nous devons supposer que le feu était divin. Les Parsis l'adorent encore aujourd'hui, et l'on suit à travers l'histoire la vénération mêlée de crainte religieuse que les hommes ont eu pour lui ; mysticité rationnelle, dirait-on, si ces deux mots s'accordaient : rien n'a mérité plus que le feu de passer pour une divinité vivante. Quand on la fit apparaître là où rien ne décelait sa présence, ce fut un fait merveilleux qui forçait l'attention ; le renouvellement de ce fait devint un sacrement.

C'est ainsi, par la religion, que M. Salomon Reinach explique toutes les grandes inventions de la préhistoire. Bien qu'il professe cette théorie d'une manière peut-être trop absolue, elle seule rend intelligibles certaines découvertes, celle notamment du transport, de la conservation et de l'entretien du feu emprunté à la lave des volcans ou aux incendies dus à des forces naturelles : fermentations spontanées, foudre, etc...

Je regrette de ne pouvoir discuter ici cette question : ce serait un livre entier à faire. Une observation suffira pour mettre en relief la valeur générale de la théorie. N'ayant pas de langage pourvu de termes généraux et abstraits, l'homme primitif ne pouvait pas penser intellectuellement comme nous ; il manquait de champ rationnel où exercer son activité mentale. Tandis que la religion, plus exactement le mysticisme, qui lui était accessible, lui fournissait toutes ces associations d'idées et de sentiments, ces analogies, ces inductions, ces enchaînements, dont beaucoup nous paraissent extravagants et que nous voyons systématisés dans l'occultisme.

Rémy de Gourmont protestait, par attachement à la pensée laïque, contre les idées de M. Salomon Reinach : il se plaignait de ce qu'en donnant ce caractère mystique aux premières démarches de l'esprit humain, on affirmait l'essence religieuse de l'homme, l'homme animal religieux, *homo religiosus*. Il ne prenait pas garde que de donner comme successeur à cet homme l'animal raisonnable, l'*homo sapiens*, c'était l'argument le plus valable pour poser la raison comme un progrès par rapport au mysticisme. Et l'*homo religiosus* vaudra toujours mieux que l'homme incompréhensible, capable de produire des miracles d'intelligence aussi mystérieux pour nous que l'extraction du monde hors du néant ; cet homme là *transcende* notre intelligence à nous, et Rémy de Gourmont devait avoir les oreilles pleines du bruit que fait le *transcendant* contre la pensée laïque.

Il apparaît donc bien en somme que la génialité intellectuelle de l'homme préhistorique échappe à toute espèce de mesure. Ne serait-ce pas simplement parce que, à peine intellectuelle, elle est surtout mystique, analogue à la génialité artistique.

∴

Que celle-ci soit constante, cela n'a rien d'absurde : l'art n'a pas besoin de cette longue accumulation des efforts mentaux de l'humanité sans quoi ce qu'il y a de rationnel dans la pensée ne saurait naître ni se développer. Donc, pour peu que les gens de l'âge de pierre eussent en moyenne la capacité cérébrale des contemporains de Phidias, pourquoi ne découvrirait-on pas, dans une caverne encore inexplorée, quelque chef d'œuvre valant la Victoire de Samothrace ? Je ne pense pas qu'il faille s'y attendre, mais qu'on aurait tort d'opposer l'évidence de supercherie à toute légitimation de l'authencité d'une pareille trouvaille, si on a le bonheur de la réaliser.

∴

Rémy de Gourmont ne fait à l'histoire qu'un seul appel pour prouver la constance intellectuelle, et cet appel est malheureux. Il s'agit de notre système héliocentrique du monde (la terre tourne sur elle-même et autour du soleil comme les autres planètes). La découverte en serait due, bien avant l'aube de la science grecque, aux Chaldéens que certains hommes supérieurs, Pythagore, Aristarque de Samos, Copernic, Galilée, Kepler, Newton, n'auraient fait que répéter.

Cette attribution est une légende, et récente (voir Appendice D, p. 237).

Elle a l'origine suivante : au XVIe siècle de notre ère, pas avant, on considéra Pythagore comme l'inventeur de la translation de la terre autour du soleil, puis, au XVIIIe siècle, Bailly fit observer que cette théorie, devant nécessairement être précédée par une longue science astronomique, Pythagore avait dû l'emprunter et n'avait pu l'emprunter qu'aux Chaldéens.

Or *aucun* texte ancien ne justifie cette opinion ; *tous* ceux que l'on possède sur la matière s'accordent à mentionner comme premier système planétaire comportant un mouvement de la terre, celui du pythagoricien Philolaos, contemporain de Platon, donc postérieur à Pythagore d'un siècle ; mais ce système ne ressemblait en rien au nôtre : tous les astres, *y compris le soleil*, et la terre, plus un astre imaginaire, l'Antiterre, tournaient autour du feu central : le soleil en un an, la lune en un mois, la terre en 24 heures, etc...

De la cosmologie de Pythagore, nous ne savons *rien*, guère moins que de lui-même.

L'hypothèse héliocentrique ne fut formulée, avant Copernic, que par Aristarque de Samos (troisième siècle avant notre ère).

∴

L'exemple de génialité intellectuelle que Rémy de Gourmont croit emprunter à l'histoire n'est donc pas dans l'histoire. Et, en outre, ce que nous fournit l'histoire est vraisemblable, tandis que ce qui nous vient de la légende ne l'est pas.

Que Rémy de Gourmont ait fait fond sur celle-ci sans grand examen, cela vient de ce qu'elle répondait à sa tendance secrète. Comme tout artiste, il penchait vers la confusion entre le génie esthétique, moral, religieux, mystique, et le génie intellectuel. Or, dans la sphère du premier, les raisons, en effet, ne comptent pour rien : quand un homme a dit ou fait quelque chose de beau, cela restera beau tout aussi bien si l'auteur sait ou ignore le pourquoi et le comment de son œuvre. Le second au contraire suppose que l'œuvre couronne une construction consciente et rationnelle de l'esprit, non peut-être pour la découverte elle-même, mais pour sa justification.

Dire : — Aimez votre prochain comme vous-même, — cela restera toujours beau, qu'on y ajoute ou non des justifications, que le Christ ait existé ou non. L'émotion qu'excite en nous cette parole en affirme directement et sans aucune autre preuve le caractère génial.

Dire : — La terre tourne autour du soleil, — c'est peut-être génial au point de vue esthét'que ; affaire de goût, le contraire serait peut-être aussi beau. Mais en fait de génialité intellectuelle, il n'en va pas de même. Les gens qui trouvent géniale l'affirmation pure et simple et non démontrée de notre système héliocentrique, sous prétexte qu'elle triomphe aujourd'hui, ces gens proclament en somme que d'avoir « parié pour le bon cheval », c'est la seule pierre de touche du génie intellectuel.

Leur erreur se met facilement en évidence, car on imagine sans peine un homme prédécesseur sans génie d'Aristarque de Samos dans l'invention de l'hypothèse héliocentrique, et un autre homme contradicteur très génial d'Aristarque de Samos.

Le prédécesseur sans génie, ce sera tout simplement un Pythagoricien inintelligent qui se trompera dans l'interprétation du système de Philolaos ; il aura écrit : — le feu central, c'est le soleil, — et s'en sera tenu là sans autre explication.

Le contradicteur génial d'Aristarque de Samos lui aura fait l'objection suivante :

— Que le soleil soit plus gros que la terre, cela ne suffit pas pour faire penser qu'elle tourne autour de lui ; il faut aussi qu'il soit plus lourd : le rocher, même petit, ne tournera pas autour du nuage, même grand. Si le soleil était une sphère de métal incandescent ou de combustible, il n'aurait pas tardé à s'éteindre. Tout autorise donc à le croire composé de substances inconnues, lumineuses par elles-mêmes, et infiniment plus subtiles que les matières terrestres, donc plus léger que la terre, puisque vous le jugez vingt fois plus gros seulement. Il doit, par conséquent, tourner autour d'elles. —

Parler ainsi, c'eût été deviner l'influence des rapports gravifiques mutuels des astres sur leur marche. Nul ne s'en avisa que peu avant Newton ; les savants, déjà très géniaux, qui admirent que chaque astre était un centre d'attraction pour les objets pesants, expliquaient que ces divers centres étaient trop éloignés pour réagir les uns sur les autres.

Génie d'Aristarque de Samos, pas de génie à précéder Aristarque de Samos, génie à contredire Aristarque de Samos, on voit que les trois se concilieraient ensemble. D'où il résulte, qu'à la différence des autres génies, le génie intellectuel ne se découvre pas dans le simple énoncé d'une intuition ; il faut encore que cette intuition s'avère fondée sur tout un travail rationnel antérieur.

∴

La vanité de la recherche de Rémy de Gourmont vient de ce qu'il a méconnu, dans l'ordre intellectuel tout au moins, une nécessité : il faut, pour que le génie des individus se manifeste, que leur milieu humain ait un certain acquis psychologique. Cet acquis est susceptible de croître ; il y a là accumulation, progrès, progrès véritable de la pensée, de la raison, de l'esprit humains.

Nous pourrions défendre l'idée d'un progrès cérébral, car pourquoi le cerveau ne se développerait-il pas par l'exercice, et pourquoi son développement ne finirait-il pas par se traduire dans l'hérédité ? Mais peu importe ; de telles objections ont beau être très légitimes, on ne s'y attardera pas, parce que quand bien même leur néant serait démontré, quand bien même il y aurait fixité absolue dans la valeur de l'instrument physiologique de la pensée, il n'en existerait pas moins un progrès de la pensée et de la raison, un progrès de l'esprit.

∴

Changeons l'histoire de Newton :

Avant de savoir parler, Newton est emmené par ses parents en Amérique. Le vaisseau qui le porte, dévié de la route par une tempête, naufrage sur les côtes du Labrador. Newton, seul survivant, est recueilli par une tribu d'Esquimaux qui l'adopte et l'élève ; il vit et meurt parmi elle.

Qu'on essaye de se représenter ses manifestations de génialité. Ne parlant qu'esquimau, il ne pense qu'en esquimau, ne raisonne qu'en esquimau, c'est-à-dire très court, faute de termes généraux et abstraits : pas de géométrie, pas de science, pas de métaphysique, aucune idée d'un ordre de spéculation quelconque. L'activité mentale de Newton est sollicitée, comme celle de ses compagnons, par la nécessité de vivre, c'est-à-dire principalement par la chasse au phoque, la navigation en kayak ; mais on n'a aucune raison de supposer que Newton se mette hors de pair dans ces exercices.

Il sera vraisemblablement sorcier : le champ du mysticisme, ouvert devant lui par les croyances ambiantes, offrira un débouché à ses forces cérébrales innées qui, n'ayant pas de matériaux de science ni de raison, s'emploieront à construire des édifices sans nombre avec du mystère impalpable. Le vrai Newton a fait un essai sur l'Apocalypse ; le Newton esquimau n'aura fait que cela.

∴

Comparez le merveilleux génie naturel de Newton à une graine. L'histoire qu'on vient de raconter fait pousser la graine dans un terrain et sous un climat différents ; la plante n'est plus la même.

Car les dons, le génie naturels, ne sont pas plus de l'intelligence qu'une graine d'arbre n'est un arbre.

Avec le gland d'où serait issu le géant des chênes, les horticulteurs japonais font un nain qui, après cent ans, tient dans un petit pot. D'une graine de bouleau tombée dans une forêt de la Suède méridionale naîtra un arbre, le plus vigoureux parmi ses pareils ; la même graine semée en Laponie ne donnera plus naissance qu'à un arbuste qui pourra très bien être le moindre d'entre tous les bouleaux nains de la région.

De même que le végétal est la résultante d'**une** graine et d'un milieu atmosphérique et terrestre, une intelligence est la résultante d'un cerveau et d'un milieu humain dans lequel les agents fertilisateurs essentiels sont le langage et la raison.

De sorte que *l'esprit d'un individu, si génial soit-il, est autant l'esprit d'une humanité que le sien propre.*

Que la qualité moyenne des graines que sont les cerveaux humains ne change jamais, il n'y en aura pas moins progrès si le terrain où elles tombent va en s'améliorant. C'est ce qui a lieu par le perfectionnement du langage et de la raison.

∴

Pas de pensée sans langage, pas de pensée abstraite, pas d'idée générale sans termes abstraits et généraux dans le langage ; or on sait que ceux-ci manquent aux peuples non civilisés. Leur acquisition, quand on y réfléchit, ne se conçoit que comme l'effet d'une élaboration très longue et de victoires innombrables sur des difficultés que nous avons peine à nous bien représenter. Rappelons-nous, par exemple, que le mot « esprit » voulait dire « souffle », « respiration ». Aujourd'hui la séparation entre la matière et l'esprit nous est assez familière pour que nous la fassions, non pas toujours, mais très souvent, sans ambiguïté, c'est-à-dire avec la certitude que tout le monde nous comprendra ; mais l'étymologie du mot « esprit » montre qu'il n'en a pas toujours été ainsi, et que rien ne s'opposait jadis à ce que le vent fût l'analogue de ce que nous appelons « âme », à ce qu'il voulût, sentît, eût des passions, formât des desseins ; le langage ne permettait pas de pousser encore assez loin l'abstraction pour éliminer dans les choses invisibles tantôt ce qu'il y avait de physique, tantôt ce qu'il y avait de moral.

On a beaucoup écrit sur les croyances des sauvages. Le curieux qui a parcouru quelques ouvrages différents sur ce sujet est frappé des contradictions qu'il trouve de l'un à l'autre ; c'est que les auteurs, mis en présence de la pensée sauvage insensible à la contradiction, s'efforcent d'en rendre compte avec leur pensée à eux, gens dont le langage impose une logique.

Tant qu'il s'agit de la vie pratique, le sauvage est comme nous, et rien ne s'oppose même à ce qu'il nous dépasse en bon sens ; mais, dans les occasions où son esprit aborde l'extraordinaire ou bien ce qui correspond chez nous à l'ordre spéculatif, science, religion, philosophie..., aucune règle de cohérence ne le guide ; il peut professer, sur n'importe quoi, n'importe quelle croyance, ou la croyance contraire, ou aucune croyance, ou les trois ensemble. Il faut s'attendre, par exemple, à ce qu'il imagine tel être, tel « esprit », qui sera en même temps pierre, plante, animal, homme, visible et invisible, et à la fois présent en une dizaine d'endroits, en un seul et en aucun. Il éprouvera en pensant à cet être des émotions fortes, et nous dirons que c'est le sentiment du mystère ; mais ce mystère ne correspondra nullement chez lui à de l'inexplicable. Du moment que le prétendu « esprit » n'appartient pas à la collection de choses accessibles à l'expérience journalière, rien ne s'oppose à ce qu'il soit un et plusieurs : le sauvage n'ayant dans son idiome aucun terme pour exprimer l'unité ni la multiplicité, ne concevra ni l'une ni l'autre, ni leur contradiction ; de même pour l'être et le non être, le solide et l'aérien, le quelque part et l'ailleurs...

De là vient que les explorateurs et les missionnaires nous donnent des idées si diverses des non-civilisés, les mêmes peuplades apparaissant comme spiritualistes et matérialistes, déistes et athées, etc... Ils leur attribuent inconsciemment une métaphysique, alors qu'elles ne peuvent pas en avoir, faute de signes verbaux correspondant à des abstractions un peu poussées comme fini, infini, étendue, temps, éternité...

Cette indigence de termes abstraits et généraux est quelquefois extrême : on connaît des sauvages dont le vocabulaire, extrêmement riche en ce qui concerne les essences d'arbres, ne contient pas de mot correspondant à « arbre » en général.

Avec des langages pareils, pas de raisonnement possible, pas de logique, puisque la contradiction ne peut pas apparaître.

Il y a donc eu un progrès consistant à inventer des termes de plus en plus généraux et abstraits, et il entraînait un progrès parallèle dans le raisonnement, donc dans la pensée intelligente, dans la raison.

∴

Mais le raisonnement n'est pas le tout de la raison. C'est une vérité banale que, partant d'un point de départ absurde, le logicien doit aboutir à l'absurde. La raison nous fournit les points de départ tout à fait initiaux, bases plus ou moins lointaines de tous les raisonnements, ces points de départ au delà desquels on ne peut pas remonter, ces affirmations ou négations dont la vérité ne se prouve pas, est évidente, c'est-à-dire force l'assentiment universel.

On les appelle principes de la raison.

Plusieurs d'entre eux ne sont que logiques et reviennent à ceci : quand nous avons convenu de donner un nom à une chose, il ne faut pas le changer sans prévenir, sous peine de ne pas s'entendre. Une vache est une vache et n'est pas ce qui n'est pas une vache : principes d'identité et de contradiction, où les métaphysiciens découvrent des profondeurs. Aucune idée de progrès ne peut s'associer à eux, puisqu'ils répondent à une condition nécessaire de l'existence du langage : dès que le langage existe, ils existent aussi par le fait même, que le langage progresse ou non.

D'autres principes de la raison dépendent au contraire, dans leur application, d'une expérience commune des hommes, laquelle s'est accumulée et perfectionnée, comme l'histoire en témoigne ; tels sont les principes de causalité.

Il n'y a pas d'effet sans cause. Ce principe ressemble à une tautologie, puisque c'est par définition que l'effet a une cause et la cause un effet. On doit y voir quelque chose de plus : il affirme que tous les faits de l'univers se tiennent les uns aux autres par des liens d'où le caprice et l'arbitraire sont absents, qu'il y a dans leur succession un enchaînement, un ordre accessibles aux représentations de notre intelligence, et non pas une juxtaposition quelconque. « Il n'y a pas d'effet sans cause » revient à « il n'y a pas d'effet auquel *nous ne puissions assigner* une cause », et en vertu de quoi ? d'une compréhension des choses à laquelle nous parvenons, d'une adaptation de notre esprit à l'univers. L'expérience a démontré cette adaptation et son progrès.

Les mêmes causes produisent toujours les mêmes effets. Pour parler autrement : il y a des lois, un déterminisme ; la cause étant donnée, l'effet suivra, infailliblement. Nul besoin de rappeler de quel long travail expérimental ce principe est le terme. Il a fallu, pour y arriver, cesser de s'attacher aux faits rares, extraordinaires, fortuits, impressionnants, pour remarquer de préférence ce qui ne paraissait pas remarquable, comme, par exemple, la chute des corps, le mouvement des projectiles.

Que de tâtonnements ensuite avant de discerner dans la production des phénomènes ce qui était « cause » de ce qui ne l'était pas. Vous faites une expérience le 19 Février 1917 à 5 heures ; elle réussit. Vous vous proposez de la renouveler le 23 à 3 heures. Ne faudra-t-il pas répéter dans la seconde expérience *toutes* les conditions de la première ? mais cela est impossible : il ne s'agirait de rien de moins que de faire rétrograder l'histoire du monde de quatre jours, de ramener la terre et les planètes là où elles étaient le 19 à 5 heures. Quelles conditions choisir ? Lesquelles méritent le nom de causes ? Nulle considération de logique pure ne l'indique *a priori*. Vous n'êtes renseigné en réalité que par tout l'acquis expérimental antérieur au vôtre et que vous appelez le bon sens.

Mais ce qui est bon sens aujourd'hui ne l'a pas toujours été. Il y a cinq cents ans, le savant qui voulait provoquer une réaction chimique tenait compte de l'influence des planètes à laquelle nos chimistes actuels ne pensent même pas. Cette élimination inconsciente qu'ils font est une augmentation de l'acquis expérimental, gain qui n'a pas été réalisé sans peine.

L'exemple pris ici à la chimie s'applique en réalité à toute notre action consciente sur les choses, à toute notre adaptation mentale à l'univers ; le progrès s'est réalisé dans l'ensemble de ce domaine, et il n'y a pas de doute que ce soit le progrès de l'esprit.

∴

Se poursuivra-t-il ? Peut-être pas en ce qui concerne la simple logique, l'art du raisonnement, *la raison pure*. Depuis les Grecs, les langages des peuples civilisés sont pourvus d'abstractions et de généralisations au delà desquelles on ne voit pas que l'on puisse aller, comme l'être, l'infini, le temps, l'espace etc...

Quant à la raison, en tant qu'elle représente l'expérience ancestrale, tout donne à penser que son progrès n'a pas de terme. Il en aurait un si l'univers était petit et simple, car on pourrait concevoir alors que notre esprit parvint à en prendre une possession complète et parfaite. Mais la grandeur et la complexité de l'univers, peut-être infinies, sont du moins d'un tel degré que l'humanité mourra avant d'en avoir épuisé la contemplation et l'utilisation ; les possibilités de l'expérience dépassent celles de la longévité de notre planète. Rien ne limite donc l'accumulation de l'expérience ni le progrès de la raison qui en découle.

CHAPITRE VI.

Le Progrès économique
Le Progrès de la Science et la Guerre

Le progrès économique c'est celui de la production et de l'échange des produits, des transports, des communications ; ce sont les chemins de fer, l'électricité, la métallurgie...

Personne ne le nie, personne ne songe sérieusement à l'entraver. Un homme d'Etat qui serait un moine, et de l'ordre le plus austère, mais tant soit peu au courant de la vie moderne, et qui professerait le souci réel des intérêts dont il a la charge, cet homme-là s'efforcerait de stimuler l'activité économique de son pays ; il déplorerait la dépravation amenée par la richesse, mais il n'en travaillerait pas moins à l'accroissement de la richesse nationale. Il y a là un courant aussi irrésistible que celui de la vie. Que les hommes, se dégoûtant de la vie, décident de se suicider ou de ne plus se reproduire, il ne faudrait que quelques dizaines d'individus réfractaires à cette résolution, pour que l'humanité persistât ; ces quelques dizaines, on est sûr qu'elles se rencontreraient. Il en serait de même de la cessation de l'activité économique ; l'ensemble des peuples aurait beau vouloir réaliser le minimum de travail au prix du minimum de bien-être, on devrait bien compter sur une exception ou deux, et il n'en faudrait pas plus pour que l'industrie et le commerce reviennent à l'état où nous les voyons aujourd'hui.

Le progrès économique est un mouvement qui s'entretient et s'intensifie de lui-même. Ne pas le suivre, y résister, ne sert à rien, puisque cela accélère d'autant la marche de ceux qui se laissent entraîner par son cours. Mettez un obstacle en travers d'un fleuve, des piles de pont, par exemple : ici, contre la pile, l'eau s'arrête, elle coule plus vite à côté ; ne pas produire ici, dans ce pays, c'est accroître le débouché des producteurs du pays d'à côté, c'est faire appel à leur travail, le précipiter.

∴

Que le progrès économique soit un progrès de la civilisation, on n'a pas besoin de le démontrer: c'est une banalité et, dans l'ensemble, une vérité.

Mais dans l'ensemble seulement.

Ce progrès, comme tout progrès, veut sa rançon : il faut payer. Il s'agit de s'acquitter au
moindre prix.

Estimons à combien se monterait ici la rançon
si on se laissait aller sans résistance à en acquitter le maximum. Elle serait la barbarie tout simplement : une sorte de barbarie « savante », beaucoup plus odieuse que la sauvagerie des naturels
de l'Afrique équatoriale.

La production moderne a ses exigences auxquelles on ne saurait d'ailleurs se soustraire :
division du travail et spécialisation, machinisme,
objets fabriqués par série, tous pareils, diffusion des produits par les procédés de publicité
commerciale.

De là une foule de dangers pour l'art et la
pensée.

La nécessité de la division du travail et de la
spécialisation, qui sont corrélatives, tend à faire
de tous les hommes des professionnels, admirables en ce qui concerne leur métier, mais d'une
parfaite médiocrité en tout le reste.

Le machinisme abolit la marque personnelle de
l'ouvrier dans l'objet fabriqué. Autrefois tout
ouvrier était un artiste — on disait un artisan—;
le moindre ustensile conservait quelque chose
des mains qui l'avaient façonné, de l'esprit qui
avait conduit ces mains ; c'est pourquoi l'aspect

d'un vieux meuble, même rigide, tout en l'gnes droites, nous ennuie moins que les fantaisies de l'ébénisterie actuelle les mieux intentionnées en faveur de notre amusement. Dans ces lignes droites poussées par le rabot et le ciseau anc'ens, on sent le travail qui se reprend, qui se corrige, si peu que ce soit, le travail vivant. Rien de tel dans l'objet moderne : il est mort, ou bien il est trop cher, ou bien, quand il n'est pas trop cher, c'est qu'il copie l'ancien.

Voilà donc tout l'art mobilier moderne condamné à ne pas être moderne ou à n'apparaître que chez quelques amateurs exceptionnellement riches. A peine est-ce exister.

La spécialisation se produit en art chez les consommateurs d'art. Les uns, le public, sont ces spécialistes de tout ordre, médiocres en dehors de leur spécialité, auxquels il faut du plat et du banal ; les autres, les amateurs, exigent de l'exceptionnel, quelque chose qu'ils soient censés seuls à comprendre ; aux amateurs se joignent les snobs, tentés dans ce qui leur est incompréhensible, par l'idée qu'en faisant semblant de le comprendre ils se rangent parmi les « vrais » amateurs, une aristocratie.

Ainsi, entre l'insignifiance et l'extrême recherche, se réduit la place de cet art dit éternel qui a un caractère vraiment général et humain. Et quand je parle d'extrême recherche, je n'entends pas y inclure les seules chinoiseries infiniment fouillées mais aussi les simplifications outrancières, les retours à l'archaïsme, les préméditations de naïveté, l'inconscience voulue, l'art nègre des Blancs, l'art aztèque des Germains, l'art prémycénien du vingtième siècle.

Par le fait qu'elle se vend et s'achète, l'œuvre d'art subit les lois du progrès économique : production intensive, rapide, uniforme, spécialisation.Il faut peindre, écrire, sculpter, composer de la musique en vitesse. Quand M. X... s'est fait un nom dans la guimauve poétique, qu'il ne s'avise pas de faire des vers âpres ; on ne lui pardonnerait jamais : la marque déposée X est connue pour désigner un sirop, et voilà qu'on la colle sur des bouteilles de vinaigre !

Une œuvre prend beaucoup de temps. Les talents s'exhibent à la course, et ils ne manquent pas. Absence d'œuvres, abondance de manifestations de talent. Manifester, cela conduit à cabotiner.

Les exigences de la publicité sont les mêmes pour tous les produits. Le fabricant de prose, de poésie, de statues, de tableaux, de musique, n'a pas les ressources qui permettent aux gros fabricants d'objets manufacturés de payer une réclame efficace. Il fait sa publicité lui-même, il quête les articles de journaux, cherche à en écrire pour parler de gens qui parleront de lui, fait des visites pour avoir des commandes de l'Etat, des prix... Un auteur de roman va voir les membres de l'Académie française, de l'Académie Goncourt, les dames du Comité de la Vie Heureuse, le prince Roland Bonaparte..., et, auparavant, les personnes qui connaissent ces personnages influents. Pour une heure passée au travail, dix doivent être consacrées au placement des produits. Par là s'exagère encore le caractère hâtif de la production.

Il est vrai que la publicité pour l'œuvre d'art se fait par l'œuvre elle-même. Elle ne réussit alors qu'en obéissant aux lois de la réclame : attirer l'attention : du bruyant, de l'extraordinaire, du tire l'œil, du monstrueux.

Tout ce qui vient d'être dit du domaine de l'art s'applique au domaine plus particulier de la pensée, avec cette aggravation que les lois de spécialisation équivalent à la suppression pure et simple de ce domaine. Pas de pensée sans vues d'ensemble, pas de vues d'ensemble quand on se trouve cantonné à l'étroit entre les quatre murs d'une spécialité.

Ainsi le progrès économique poussé jusqu'au bout tendrait à supprimer la vie supérieure de l'esprit, à parquer les intelligences en une foule de petites enceintes étanches, à ne réunir les hommes que dans la banalité encore banalisée ou l'extravagant toujours accru.

Ces menaces se perçoivent très bien : manque de conversation chez les hauts représentants de la civilisation économique, monotonie dans la structure des villes modernes, cauchemar dans leur activité et leurs plaisirs : usines, grandes gares, éclairage nocturne, réclames lumineuses, foires à l'américaine, colossaleries à l'allemande.

∴

Si ce progrès contient des menaces, il n'a pour lui-même rien à craindre.

Il brave tout, même la Grande Guerre, si formidable qu'elle soit. Cette guerre amène les terribles souffrances que l'on sait et qui lui méritent le nom d'inexplicable ;mais bien que beaucoup de calamités actuelles soient d'ordre économique, le progrès économique lui-même n'est pas atteint dans ses ressources, dans le patrimoine des inventions humaines.

Dire qu'il périclite parce qu'il y aura perturbation des marchés, des organisations commerciales, des moyens d'échange et de crédit, dissipation de travail, gaspillage invraisemblable de l'activité humaine, c'est dire que le progrès de l'artillerie est gravement compromis par l'usure et la destruction des bouches à feu et la consommation des munitions.

Le progrès économique bénéficiera, en un sens, de la guerre, comme le progrès de l'artillerie, et pour les mêmes raisons.

L'humanité n'aura pas reculé d'une ligne les confins de son empire sur la matière. Aucune invention, si humble soit-elle, ne sera oubliée. Le machinisme, surtout agricole, se développera du fait même des hécatombes de travailleurs manuels, parmi lesquels ceux de la terre auront été immolés en plus grand nombre. L'aviation progresse dix fois plus vite qu'en temps de paix. Comme le blocus de l'époque napoléonienne fit inventer le sucre de betteraves et la fabrication de la soude, le blocus actuel enseigne à l'Allemagne la fabrication de succédanés, d'*ersatz* innombrables, dont quelques-uns survivront aux circonstances exceptionnelles qui leur ont donné naissance. La guerre est d'ailleurs surtout l'exercice forcé de la plupart des industries chimiques et métallurgiques, et il y a peu d'autres industries qu'elle ne mette à contribution.

La guerre stimule donc le progrès économique.

Remarque importante : elle le stimule dans ses ressources tout en diminuant, par la perturbation financière et commerciale, l'activité de l'emploi de ces ressources. De là une balance de laquelle on ne peut pas dire dans quel sens elle incline. En fin de compte, l'indétermination de la réaction mutuelle entre Guerre et Progrès se manifeste encore lorsqu'il s'agit de progrès économique.

.·.

S'il y a des inquiétudes à concevoir, c'est sur le degré, ou plutôt le mode de cette stimulation.

On est en droit, en effet, de se demander si la guerre ne va pas développer les germes de barbarie qu'il y a dans la civilisation économique, et cela en désorganisant la défense instituée contre cette barbarie.

Car la défense existe. Son principe essentiel est bien simple : retard de la spécialisation. Au lieu de lancer les enfants dans un métier aussitôt qu'ils savent lire, écrire et compter, on leur fait faire ce qui s'appelle leurs études, lesquelles doivent consister dans une éducation de la pensée, non dans une instruction.

C'est l'enseignement dit secondaire : il maintient les communications ouvertes entre les esprits dans le domaine général des choses esthétiques et intellectuelless ; non qu'il confère une culture élevée, mais il la rend possible, principalement par son rôle négatif : il soustrait les cerveaux à une empreinte professionnelle pendant le temps où, trop plastiques, ils seraient affligés par elle d'ankyloses définitives. L'enseignement secondaire crée des consommateurs pour l'industrie des arts littéraires et des idées.

L'enseignement supérieur, lui, est une école qui forme des producteurs de la pensée et des maîtres pour l'enseignement secondaire, par quoi il conditionne ce dernier.

Plusieurs menaces sont apportées par la guerre à ces défenses élevées contre la barbarie économique.

D'abord l'erreur chauvine : — les Boches font cela, cela est essentiellement boche, donc nous n'en voulons pas... Rien de boche comme la musique de Wagner, on n'en jouera plus. — Qui sera victime de cette abstention ? pas les Boches, mais les Français assez nombreux qui goûtent la musique de Wagner sans aimer Wagner, un insupportable sire comme beaucoup de grands hommes d'Allemagne et quelques-uns d'autres pays. Est-il bien sûr que le même raisonnement, dont les dommages en art sont en somme secondaires, n'ait pas contribué à nous priver trop longtemps d'artillerie lourde, cette arme si boche ?

On dira de même, on a commencé à dire: — Les Boches accumulent les fiches, donc nous renoncerons aux documentations exactes et complètes quand il s'agira de traiter un sujet. — Et l'on en reviendra à cultiver la tare oratoire, maladie dont les universitaires guérissaient à peine et que beaucoup d'entre eux regardent encore comme la marque la plus éminente de la santé : ne rien dire, — ou si peu ! — mais le bien dire, « bien » signifiant avec des ornements que l'on trouve aux bazars de la rhétorique. Ce sera peut-être s'écarter de la barbarie économique, mais pour se mettre sous l'égide des rhéteurs et des grammairiens dont le prestige, dans une cité, s'accorde si bien avec la décadence, comme on le vit à la fin de l'empire romain.

Mais la réaction que produit l'ennemi n'est pas seulement celle de la haine. On peu s'engouer pour ses méthodes, s'appliquer trop exclusivement à le battre avec ses propres armes. En copiant l'Allemagne, nous imiterions le pays qui a le mieux développé les germes de barbarie contenus dans le progrès économique.

Il y a une mesure à observer : nous ne devons ni céder sans réserves à la spécialisation, ni en prendre le contre-pied absolu ; ce dernier parti nous mettrait en état d'infériorité. Il faut s'arranger pour suivre au meilleur pas possible le progrès économique et en éviter en même temps les dangers.

La science nous permet sans peine de résoudre ce problème, parce qu'elle est à la fois, et un système philosophique absolument général, propre à relier entre eux les esprits en dehors de toute spécialisation, et un recueil de recettes pour le progrès économique. Ce double caractère met l'antidote à côté du poison.

Beaucoup de gens, cependant, n'admettent pas ce double caractère et nient que la science soit une philosophie. C'est là le grand débat doctrinal moderne.

La guerre sans doute l'influencera.

∴

Il y a une erreur, aujourd'hui très répandue et qui conduit à d'étranges confusions : si vous dites, par exemple, à une personne peu instruite : — Volta, Ampère, Faraday, Œrsted, sont les fondateurs de la science électrique, — elle vous répondra : — Je suis bien aise de connaî.re les noms des premiers poseurs de sonnettes électriques ; M. Volta a fourni les piles de ces installations, n'est-ce pas ? —

Beaucoup d'hommes des plus cultivés commettent journellement une méprise tout aussi grossière : ils ne savent pas distinguer la science des applications de la science, l'usine du laboratoire, l'ingénieur du savant, les travaux e trepris en vue d'une utilité pratique des recherches que dirige le simple désir de mieux connaître l'univers.

Jadis on n'eût pas même compris que personne hésitât à faire la distinction : e'le s'imposait d'elle-même. L'industrie et la science furent complètement séparées jusqu'au début du xix° siècle, si l'on met à part quelques « pompes à feu », dérivées de l'expérience de Papin sur la production du vide par la condensation de la vapeur. Supprimez toutes les sciences, et les sujets de Louis XVI n'en eussent éprouvé aucun contre-coup dans leur manière de vivre. Manufactures, moyens de locomotion, d'éclairage, de chauffage, médecine (encore purement empirique ; elle n'a guère changé), tout cela fût demeuré tel quel, quand bien même on eût anéanti les travaux scientifiques antérieurs et contemporains et leurs résultats (1), œuvre pourtant considérable : il y avait déjà une physique, une chimie, une botanique, une astronomie... où s'étaient illustrés bien des hommes géniaux. La séparation de l'activité économique et de l'activité scientifique se montrait donc très tranchée.

On la voit moins aujourd'hui, parce que des découvertes de laboratoire, comme celle de l'électro-magnétisme, ont eu une répercussion prodigieuse sur l'industrie et que des usines, telles les fabriques de matières tinctoriales, s'adjoignent des laboratoires. Nous sommes tellement familiarisés avec les conséquences pratiques vraiment gigantesques que l'on a tirées de la science qu'in-

---

(1). Exception faite peut-être pour le pendule dont l'étude par Galilée et Huyghens eût our conséquence l'horlogerie.

versement la science s'impose à nos esprits comme essentiellement utilitaire.

Nous en oublions son côté spéculatif. Il subsiste cependant. Interrogez les hommes que l'on appelle physiciens, physiologistes, biologistes sur le but de leurs travaux, ils vous diront que c'est une plus grande connaissance de la nature et de la vie. Insistez et demandez s'il en résultera des applications utiles au bien de l'humanité, ils répondront : — Peut-être... un jour... on ne sait quand. — Ils ne méprisent pas les avantages que leur procurerait une invention exploitable commercialement s'ils la rencontraient chemin faisant, mais s'estimeront récompensés de leurs efforts s'ils attachent leur nom à une loi ou une théorie inconnues avant eux, s'ils ont apporté une vision plus précise ou plus large de relations entre les phénomènes de l'univers.

Quand Curie découvrit le radium, il apprécia le profit médical qu'on en espérait, mais sa satisfaction de beaucoup dominante fut de tenir un corps dont les propriétés bouleversaient,— autrement dit agrandissaient prodigieusement, — nos conceptions sur la matière.

Et les astronomes ! Quand leurs observations n'ont pas pour but de contrôler sans cesse la mesure du temps, à quoi servent-elles ? A pénétrer la constitution et la genèse des mondes.

∴

Par ce côté spéculatif et désintéressé, la science apparaît bien comme une philosophie. La connaissance du Grand Tout qu'elle échafaude petit à petit, c'est la philosophie même ; il n'y en a pas d'autre.

La science est encore une philosophie par sa méthode, par ce que l'on appelle l'esprit scientifique, adhésion aux lois expérimentales des démarches qui conduisent à la vérité, c'est-à-dire à l'adaptation de notre intelligence à l'univers. Les principes initiaux de la science se confondent avec ceux de la raison, non pas de la Raison abstraite et qui s'écrit avec une majuscule, mais de la raison humaine, toujours imparfaite parce que progressive, pourvue cependant d'acquisitions que l'expérience accumulée rend définitives.

La science est non seulement une philosophie mais la seule philosophie. Toutes les philosophies qui se constituent en dehors d'elle et qui la mettent en faillite, se mettent surtout en faillite les unes les autres en se contredisant ; elles ne nous ont apporté aucun résultat, ne nous ont rien fait connaître, pas même l'Inconnaissable qui fait l'objet spécial de leur étude. Et la science demeure. On a le droit de trouver ses données inintéressantes, mais c'est quelque chose. Les données des philosophes sont un pur néant.

Dans les applications qu'on fait de la science, le progrès n'est pas douteux. Mais il y a aussi progrès de la science philosophie, de la science système de connaissance.

La science progresse par approximation et par extension. Grâce à la précision améliorée de ses moyens de mesure et d'observation, à l'accumulation de ses statistiques, elle formule des lois de plus en plus approchées. En même temps ses investigations la conduisent à saisir des liens plus nombreux entre les phénomènes et à généraliser ces relations en théories dont l'amplitude va en s'accroissant. (Voir Appendice E, p. 244).

∴

Il n'y a aucun doute à avoir sur les progrès de la science : la possibilité de leur développement indéfini est manifeste, puisqu'ils ne sont limités que par les bornes de l'univers, tant dans la direction du très grand que du très petit. Des intérêts les stimulent : l'activité économique est aujourd'hui tellement imprégnée de chimie et de physique que toute découverte due à l'empirisme le plus aveugle et le plus utilitaire peut avoir sa répercussion sur les travaux de laboratoire, et que, réciproquement,toute découverte de laboratoire engendrée par la curiosité la plus spéculative et la plus désintéressée tarde rarement à porter des fruits pratiques.

L'industrie a incorporé certaines sciences au point que ces sciences venant à disparaître complètement, théories, annales, etc... elle les conserverait inscrites dans ses pratiques. Imaginez que soit détruite toute la bibliographie relatant les travaux des savants qui ont découvert et étudié les phénomènes électriques, que soient supprimés tous les cours et livres de cours relatifs à l'électricité, il suffirait, pour recréer une bonne partie de la science théorique ainsi évanouie, d'étudier les établissements qui produisent et utilisent le courant électrique sous toutes ses formes.

∴

Les nombreux points de soudure entre la science et le progrès économique sont une sauvegarde pour elle.

Mais d'autres intérêts, bien plus importants que les intérêts économiques, sont menacés par la science et s'opposent aux progrès qu'elle pourrait accomplir dans son rôle de philosophie humaine universelle.

La science, en effet, on aurait tort de se le dissimuler, conduit à nier les croyances que les hommes de « l'élite » estiment nécessaires à la sécurité sociale et à une existence morale supportable.

Ce n'est pas que la science puisse établir directement la non-survie de l'âme et la non-existence de Dieu ; le non-être ne se prouve pas : affirmez-moi que tel objet, que vous inventerez au gré de la fantaisie la plus extravagante, existe dans la lune, comment vous réfuter ?

L'athéisme et le « matérialisme » (1) de la science ne résultent que d'une simple nécessité de méthode. La science a pour objet l'intelligible ; il serait donc absolument contraire à son rôle d'accepter comme solution de problèmes non résolus, *peut-être* insolubles, l'introduction de nouveaux problèmes, ceux-là *certainement* insolubles. Or c'est toujours un surcroît d'énigmes que le mysticisme propose pour l'éclaircissement d'une énigme. A celle de l'origine du monde, il répond par celle de la création *ex nihilo*, par celle du néant devenant quelque chose sous l'action d'un Dieu Tout-Puissant. C'est accumuler de l'inexplicable pour ne rien expliquer. La science nie tout simplement que l'on comprenne mieux les choses en leur ajoutant gratuitement de l'incompréhensible ; elle repousse toutes les affirmations qui ne sont ainsi que des ténèbres opaques appor-

---

(1). Matérialisme signifie tout simplement ici non-spiritualisme, non existence de pensée privée du support cérébral.

tées comme remède au brouillard ; elle les proclame contraires à la vérité.

S'il ne s'agissait que de comprendre, ces négations de la science ne soulèveraient pas la moindre opposition, car elles sont conformes à la méthode universellement appliquée par l'intelligence à la recherche de la vérité.

Or l'intelligibilité est ici très accessoire. L'homme se soucie peu de comprendre, mais il ne veut pas mourir ; il paie volontiers des plus grosses difficultés intellectuelles la consolation que lui apporte la croyance à la survie. Dans cette affaire, le problème n'est pas pour lui un problème de recherche de vérité, sans cela il ne penserait évidemment pas le résoudre en greffant dessus des problèmes insolubles comme celui de l'autonomie de l'âme immatérielle, de la pensée sans support, de la réaction mutuelle de l'âme et du cerveau... Le problème est un problème de plaidoirie au civil : défendre des intérêts. Il importe, pour que la vie soit supportable aux malheureux, qu'il y ait une autre vie où leurs infortunes cesseront. Il importe que les hommes soient punis ou récompensés en un autre monde afin qu'ils craignent en celui-ci de nuire au bon ordre des sociétés. Il importe qu'il y ait un Juge éternel et tout-puissant pour appliquer ces peines et ces récompenses. La survie, l'existence de Dieu, ce sont des vérités *qu'il faut* soutenir pour défendre les intérêts supérieurs de l'humanité.

Les questions par lesquelles se caractérisent ces vérités sont celles-ci : *faut-il ou ne faut-il pas*, est-il utile ou nuisible, beau ou laid, que cela soit vrai ?

La science, elle, n'admet, pour éprouver la véracité, que la question : *cela est-il ou n'est-il pas?* et elle se refuse absolument à faire dépendre sa réponse de considérations de devoir, d'opportunisme, d'esthétique : si cela est, cela est, c'est la vérité, quand bien même tout ce qu'il y a de plus sacré au monde exigerait que cela ne fût pas.

Voilà ce qui fait que la science a contre elle tous les gens de « l'élite » ; ils voient en elle une puissance de subversion et de laideur détruisant Dieu, l'âme, et, en général, toutes les « bases ».

.˙.

Cependant, comme je l'ai fait remarquer, les gens de « l'élite » n'ignorent pas que la science jouit d'un prestige considérable, et ils préfèrent l'utiliser. Ils ne l'attaquent pas sous nom de science, mais ils lui retirent de biais toute sa valeur comme philosophie, comme système de connaissance, en faisant assaut contre l'intellectualisme.

Cet assaut se renouvelle périodiquement depuis les Grecs. La dernière reprise a eu lieu vers la fin du siècle précédent et battait son plein en 1914 : il y avait, il y a encore évidemment, le pragmatisme, le bergsonisme, le néo-thomisme.

Les deux premiers soutiennent que l'intelligence n'est adaptée qu'à l'action, que la spéculation, la connaissance, lui échappent entièrement. M. Bergson ajoute même que l'intelligence est déformée par l'action. Comme l'intelligence a fait la science, celle-ci ne saurait donc constituer un système de connaissances spéculatives ; elle se réduit à un recueil de recettes. Il est vrai que M. Bergson s'efforce de lui laisser un rôle élevé dans le domaine des choses de l'esprit, mais il n'y réussit pas ; à défaut de M. Bergson, c'est la logique du bergsonisme qui traite la science comme le fait le pragmatisme. Le néo-thomisme, lui, avec M. Duhem, considère la science comme une expression purement mathématique des relations entre les phénomènes et ne répondant par conséquent à aucune réalité, n'ayant aucun titre à être considérée comme une cosmologie, une représentation du monde.

Les trois philosophies modernes, inconciliables entre elles la plupart du temps, s'accordent ainsi à nier la valeur de l'intelligence comme moyen de connaissance, de la science comme système de connaissance. Elles auront beau protester, tout

se passe comme si elles disaient aux hommes :
— Servez-vous de l'intelligence et de la science
pour vos affaires, mais défendez-leur d'intervenir
sur les autres terrains : elles y sont incompé-
tentes, sinon nuisibles.

De complicité avec les mystagogues et beaucoup d'artistes, de littérateurs, de poètes, les
trois philosophies rejettent la science et l'intelligence dans le courant du progrès économique, et
les accusent de toutes les barbaries compatibles
avec lui. Rien de plus fréquent que de rendre la
science responsable du caractère atroce de la
présente guerre : c'est la science qui a inventé les
gaz asphyxiants, qui a torpillé la *Lusitania*...

Et ils ont raison si, en effet, la science n'est
qu'un recueil de recettes, si elle ne vaut rien dans
l'ordre de la connaissance désintéressée, car
alors elle aggrave les menaces de barbarie conte-
nues dans le progrès économique.

∴

Seront-ce les trois philosophies qui nous proté-
geront contre ces menaces ? Pas longtemps et
bien mal, puisqu'elles se démolissent les unes les
autres.

La civilisation a donc besoin que la science
demeure en tant que philosophie. Elle demeu-

rera, sauf éclipses momentanées. Ses perspectives d'avenir sont vastes ; elle a ce qu'il faut pour réunir tous les hommes : la recherche d'une vérité où il y a toujours quelque chose qui ne dépend pas d'eux, d'une vérité objective, de la vérité sans épithètes, qui s'impose sans que personne l'impose.

Cette recherche devant être désintéressée, — c'est la condition de sa réussite, — a pour moteur un sentiment pareil à celui de la justice, celui sur lequel les hommes s'accordent sans hésiter.

On a reproché à la science de manquer d'idéal, ce qui lui retirerait le droit à prétendre régner au-dessus de toute croyance. Qu'y a-t-il cependant le plus idéal que l'attachement à la vérité, dont elle fait, en tant que philosophie, son unique raison d'être ? Refuser, par simple amour de la vérité, de céder aux illusions consolantes, c'est se priver des consolations, et cela sans contrepartie. Chercher la vérité pour la vérité, c'est refuser de la déterminer d'avance par le bien, par l'utile, c'est s'insurger contre le principe pragmatiste (inventé bien avant le pragmatisme) : — est vérité ce qu'il faut tenir pour vrai dans l'intérêt du bon ordre de la société, — c'est se brouiller avec les gens de « l'élite » qui seuls décident le succès, c'est très désavantageux. L'attachement à la vérité coûte donc cher sans rien rapporter, ce qui caractérise bien l'idéal.

∴

La guerre ne sera sans doute pas sans influence sur le conflit entre la science et les trois philosophies. Il est à croire qu'elle prolongera, plus que la paix ne l'eût fait, le triomphe momentané de ces dernières.

Comme la guerre est une explosion de passions, elle ravive toutes les forces de l'instinct, elle remet en évidence le vieux fonds mystique de l'homme. En faisant de la mort une préoccupation courante, elle attire les pensées sur l'au-delà. Les plus braves, ceux qui affrontent sans hésiter les perspectives des pires souffrances, ceux-là redoutent souvent la mort comme anéantissement total, c'est-à-dire là où elle abolit la souffrance. On ne veut pas mourir : on veut une autre vie, sans trop s'inquiéter, semble-t-il, de ce qu'elle sera. D'autres, en présence de la mort, se disent : — S'il était vrai pourtant que le grand fossé eût un autre bord ! — et c'est au contraire contre les éventualités de l'autre vie qu'ils veulent être rassurés.

Après la guerre, il y aura une somme prodigieuse d'activité pratique à déployer ; la place manquera pour l'activité spéculative, et l'on écoutera le conseil des trois philosophies : n'appliquer l'intelligence et la science qu'aux affaires, leur interdire le reste qui les « transcende » et leur fait perdre dangereusement du temps.

Par contre, il se manifeste dans les tranchées un esprit de vérité, de vérité conforme à celle que veut la science : on repousse les subtilités, les arguties, la rhétorique, la pensée nuageuse, une foule d'habiletés sans lesquelles les trois philosophies ne sauraient vivre. C'est de la clientèle perdue pour celles-ci.

De sorte que leur triomphe ne sera peut-être pas aussi éclatant que certains s'y attendent.

CHAPITRE VII.

Le Progrès démocratique - Le Progrès humain
La Religion humaine

Le progrès humain, c'est le Progrès tout court, avec sa majuscule, à condition qu'on n'y comprenne pas le progrès économique ; c'est l'ensemble d'idéaux ou de chimères que l'on a l'habitude de comprendre sous ce mot de Progrès : démocratie, humanité, paix, droit, justice...

Pourquoi cependant cette habitude si constante de faire figurer là la démocratie ? Cela semble à première vue une simple application, de la part des démocrates, du vieux procédé logomachique consistant à s'abreuver soi-même de louanges : nous sommes démocrates, donc tout ce qu'il y a de beau et de bien est de notre côté.

Il y a plus que cela : l'association de tous ces idéaux correspond à l'existence d'un lien réel qui les unit.

On apercevra ce lien en dégageant d'abord le caractère essentiel de la démocratie, du moins moderne ; à quoi on parviendra par une brève critique du suffrage universel.

Tentez d'expliquer le suffrage universel du point de vue de l'utilité, vous le trouverez dépourvu de toute signification raisonnable, ce dont les adversaires de la démocratie n'ont pas manqué de s'apercevoir.

Le vote de l'homme le plus dégradé vaut celui d'un Pasteur ; cela n'a pas le sens commun. On ne trouve guère de bonnes raisons non plus à ce que les gens tout à fait désintéressés des affaires publiques aient sur leur gestion une influence prépondérante, comme il arrive quand les pauvres sont maîtres de la majorité des suffrages.

L'homme qui paie beaucoup d'impôts désire naturellement qu'il soit fait un bon emploi de son argent, il est porté à s'enquérir avec attention du fonctionnement des finances de son pays, et il a, en équité, le droit d'être représenté dans leur contrôle proportionnellement à ses contributions ; mais l'homme qui ne paie rien n'a aucun droit à une telle représentation et aucun intérêt à la voir exercée convenablement : puisqu'il s'agit de l'argent des autres, il lui importe assez peu qu'on le gaspille. Donc, dans les élections, on devrait accorder d'autant plus de voix aux électeurs qu'ils sont plus imposés.

Cela conduit au système prussien : suffrage à deux degrés ; les électeurs du premier degré, rangés dans l'ordre de l'importance de leurs contributions, sont partagés en trois curies qui, payant chacune le tiers du total des impôts, élisent chacune un même nombre d'électeurs du second degré. Si, dans une circonscription de 50.000 électeurs payant 3 millions de contributions, les 10 plus riches paient à eux seuls un million, les 990 plus riches après eux un autre million, cela fera trois groupes respectivement de 10, 990, 49.000 électeurs ayant chacun le même pouvoir électoral. La représentation au Landtag de Prusse arrive ainsi à être en raison directe des intérêts.

On obtiendrait un résultat analogue par le vote plural, c'est-à-dire en attribuant une valeur double, triple... aux suffrages des gros contribuables.

Le vote plural trouverait encore des applications dans bien des cas. Le plus intéressant de tous est celui des pères de famille. Un homme sans enfants n'entretient l'activité de son pays que pour sa propre part à lui tout seul, tandis que le père de famille apporte de l'avenir et contribue à la vie générale par plusieurs vies outre la sienne. Il conviendrait donc de reconnaître la

place plus grande occupée par ce dernier en pro-
portionnant l'importance de son bulletin de vote
a son nombre d'enfants.

.˙.

Or on sait que les démocrates repoussent toujours avec énergie, non seulement les systèmes
censitaires plus ou moins semblables à celui de la
Prusse, mais toute espèce de vote plural.

La cause de cette répulsion est, bien entendu,
qu'ils ont reconnu par expérience que ces systèmes ne les favorisaient pas, et c'est aussi le
motif qui pousse leurs adversaires à préconiser
ces systèmes.

Mais la raison d'ordre purement positif qui
explique ici l'action des partis correspond à une
caractéristique réelle de la doctrine démocratique. Quand les démocrates réclament le vote
pour tous et un seul vote par tête, ils déclarent
implicitement (et peut-être inconsciemment) que
*ce vote ne représente pas des intérêts mais une
opinion.* Du même coup ils visent la diffusion la
plus grande possible de l'opinion : accorder le
vote plural à certaines catégories de gens, cela
revient à y condenser l'opinion, à créer des
régions sociales où l'opinion a plus de force exé-
cutive qu'ailleurs.

Ainsi le suffrage universel uninominal, qui n'a

aucun sens si on le juge du point de vue de la représentation réelle des intérêts d'un pays, en prend un dès que l'on considère un certain idéal politique : l'idéal du règne de l'opinion.

Celui-ci permet en même temps, et mieux que quoi que ce soit, de définir la démocratie, car les autres idéals : liberté, égalité, justice, fraternité, solidarité... sont dans le domaine commun, à la disposition de n'importe quel théoricien politique désireux d'empanacher sa cause de « vraie » liberté, de « vraie » justice...

Ramenez l'idéal démocratique à être l'idéal du règne de l'opinion, et les principaux articles du programme démocratique s'en déduiront logiquement.

Avant de régner, l'opinion devra exister, se créer, se répandre : liberté et indépendance du discours parlé ou écrit ; enseignement universel et obligatoire, afin que tout le monde puisse prendre connaissance du discours écrit. Pour régner, l'opinion devra être maîtresse, par le suffrage universel, de tous les pouvoirs publics.

Comme la diffusion et la vie de l'opinion peuvent aller sans cesse en se développant, il y a un progrès démocratique dont la fin ne nous apparaît pas.

∴

Lui aussi, pareil à tous les progrès, a sa rançon : c'est l'anarchie, l'impuissance, ou du moins l'extrême difficulté à agir collectivement.

Pour ne pas payer trop cher, on a conservé diverses institutions d'autorité. Mais les gouvernements démocratiques n'ont guère le loisir de laisser libre cours à leur initiative : ils sont toujours occupés de l'opinion, soit pour tâcher de savoir si elle veut quelque chose, afin de faire ce qu'elle veut, soit pour la manœuvrer savamment et l'amener par là à vouloir ce qu'ils veulent eux-mêmes. C'est un grand ralentissement d'action, qui fait que les démocraties sont impropres à l'attaque brusquée soit diplomatique, soit militaire, et très propres au contraire à être surprises et désemparées par de telles attaques. A cet égard, elles représentent une sécurité relative pour leurs voisins non démocratiques, et ceux-ci une menace pour elles.

La démocratie n'était pas anarchique lorsqu'il y avait deux grands courants d'opinion distincts et assez stables qui prédominaient à tour de rôle; cela permettait au système parlementaire de fonctionner avec logique et régularité. De telles conditions se sont réalisées en Grande Bretagne du temps des vieux whigs et tories, alors que l'opinion, encore très peu diffusée, ne se répandait pas au-delà de la bourgeoisie. Aujourd'hui, l'opinion se divise de plus en plus à mesure qu'elle pénètre plus loin ; les partis s'émiettent.

Cette fragmentation empêche, comme on le conçoit, tout courant prononcé de se développer ; aucune volonté collective un peu forte ne se manifeste, sauf çà et là, localement, par à coups: en France, manifestations des inventaires, émeutes vinicoles, grandes grèves...

Les graves inconvénients de l'anarchie démocratique sont trop connus pour qu'il y ait lieu d'y insister. Il faut, bien entendu, chercher à y remédier, mais sans que ce soit au détriment des avantages qui en forment la contre-partie.

∴

Pour apprécier ces avantages, rappelons-nous que l'opinion est la sauvagarde contre le grand ennemi des individus, l'Etat.

L'Etat vraiment souverain ne connaît ni frein ni obstacle ; il change l'iniquité en droit par ses décrets ; il vole, tue, ment impunément ; il a Dieu pour lui en ce monde, et ne le craint pas dans l'autre, puisqu'il n'y a pas d'enfer pour un Etat, aucune théologie n'étant en mesure d'imaginer une survie où l'Etat prussien, par exemple, souffrirait pendant les siècles des siècles, tandis que l'Etat belge jouirait d'une béatitude éternelle. Châtiment et récompense sont forcément terrestres. Mêler Dieu aux affaires de l'Etat, c'est faire du succès la mesure de la moralité. Il n'existe aucune garantie dans la conscience d'un monarque incarnant l'Etat à lui tout seul : peu importe qu'il aille en enfer si le résultat de ses actions demeure acquis : que Frédéric II gémisse actuellement dans la géhenne, cela ne rend pas la Silésie à l'Autriche. Et qui nous dira ce qui se passe dans la conscience d'un autocrate ? N'a-t-il pas des devoirs et des droits différents de ceux des autres hommes, ne peut-il toujours s'arranger de bonne foi pour que ses actes les plus condamnables soient justifiés par la raison d'Etat ? Bref l'Etat est l'Absolu, comme le soutient très justement Treitschke, et il est l'Absolu parce qu'il est la Force.

Contre la Force, il n'y a que la Force qui vaille, étant entendu qu'il faut comprendre Force dans son sens le plus large, et comme ne signifiant pas seulement la puissance musculaire, mais aussi tous les agents moraux capables d'influencer les volontés motrices des bras qui tiennent les armes : excitation des passions, tromperie, persuasion, intimidation...

Si la brutalité *intérieure* de l'Etat a fini par s'amender, c'est uniquement à la suite d'un conflit de forces antagonistes parmi lesquelles l'opinion tient un rang prépondérant : elle agit par intimidation. L'autocrate le plus pourvu d'énergie et le moins gêné par des entraves constitutionnelles ou des scrupules se demanderait aujourd'hui, avant toute décision grave : — Quel effet cela aura-t-il sur l'opinion ? — opinion qui ne sera peut-être pas ce que nous appellerions l'opinion publique, mais celle d'une majorité de gens influents que le potentat ne voudra pas mécontenter.

A plus forte raison dans une démocratie : là l'homme d'Etat en vient, par crainte de l'opinion, à ne plus jamais se décider du tout. L'opinion est très divisée ; en vexer trop fort une fraction importante, c'est une éventualité redoutable ; aussi n'aboutit-on jamais qu'à des semblants de solutions. Notre histoire française contemporaine en est l'exemple. Affaire Dreyfus : on proclame Dreyfus innocent et on ne donne pas tort à ceux qui l'ont condamné ; l'affaire Dreyfus n'a été que le mirage d'un grand tournant de l'histoire : beaucoup de paroles, action nulle. Emeutes des inventaires : quelques employés de l'Etat ont reçu des horions dans les sacristies, l'Etat a renoncé aux inventaires. Les Eglises appartiennent en fait aux curés, légalement non ; la séparation de l'Eglise et de l'Etat s'est terminée dans le vague.

Ainsi l'opinion annule à peu près l'Etat.

C'est un régime de faiblesse, mais aussi de moralisation dans les rapports entre Etats.

Quand l'opinion se développe, elle se divise ; quand elle se divise, il s'en trouve toujours une partie pour guetter l'Etat afin de lui reprocher avec violence ses méfaits, notamment les accrocs à la bonne foi qui sont naturels à l'Etat dans ses tractations avec d'autres Etats. L'Etat démocratique sera donc moins porté aux guerres brutalement injustes que l'Etat autocratique.

Lors de l'explosion de la guerre actuelle, on a vu chez nous l'unanimité se faire entre des gens qui, dans l'ordinaire de la vie, professaient les idéals les plus incompatibles, qui étaient virtuellement entre eux sur le pied de la guerre civile perpétuelle. Des socialistes aussi anti-russes que leurs coreligionnaires d'outre-Rhin ont jugé que l'agression ne venait pas de la Russie. Il fallait que notre cause fût bien complètement juste pour n'avoir donné lieu à aucune critique de la part de gens si résolument hostiles au militarisme, à l'impérialisme, au Tzar, et si habitués aux manifestations énergiques.

En Allemagne, où l'unanimité ne fut pas moindre, l'absence de critique ne prouva rien, parce que cette absence de critique y est un fait constant, parce que l'Allemagne n'est pas un pays démocratique, parce que le développement de l'opinion s'y réduit à très peu de chose.

Le même contraste se marque entre la Grande Bretagne et l'empire germanique.

Il y a là, de la responsabilité des Empires centraux, une preuve morale dont le poids serait écrasant, quand bien même une masse de documents ne s'y joindraient pas.

.:.

On justifie par là que la démocratie soit comptée parmi les idéals que réunit le titre commun de progrès humain, l'opinion, qui est inséparable d'elle, ayant pour effet de combattre la barbarie de l'Etat, de tendre à maintenir la justice internationale et la paix.

L'opinion joue le rôle d'une conscience collective. Elle est essentiellement morale : une foule commettra les actes les plus abominables, mais toujours avec une intention de justice ; jamais elle ne professera l'amour direct du sang et de l'ordure où elle se vautrera en fait. Les pires aigrefins, quand ils s'adressent à l'opinion, sont obligés de viser les buts les plus honnêtes.

Quand l'opinion s'attache à des questions qui intéressent tous les peuples, elle devient la voix de ce que l'on pourrait appeler la conscience humaine par laquelle tous les hommes se trouvent réunis dans le culte d'un idéal commun, dans la religion humaine.

.:.

La religion humaine se confond à peu près avec la morale.

C'est une religion aussi vieille que l'humanité

elle-même. Je ne dis pas que tous les hommes en soient les adeptes, — il y a chez certaines peuplades des cas de perversion et d'inconscience foncières, — mais à toutes les époques, sous tous les climats, dans tous les états de civilisation, se rencontre une notion du Bien qui est la nôtre.

Des religions définies la développèrent : elles apportaient des récits et des rites qui agissaient puissamment sur les âmes ; elles fournissaient des motifs nouveaux d'amour et de crainte qui excitaient à la pratique de vieilles vertus. **Elles** n'ont pas créé la religion humaine ; c'était au contraire sur la religion humaine qu'elles se fondaient pour prouver leur excellence.

Quand le christianisme se répandit, croit-on que ce fût parce qu'on reconnut en lui une vérité de fait ? Pourquoi ajouter foi aux récits des Apôtres qui n'étaient ni plus ni moins vraisemblables que tant de fables païennes et que l'on devait considérer comme encore moins vérifiables, l'histoire du Christ n'ayant eu aucune notoriété et s'étant développée obscurément dans un canton obscur du grand empire ? Les Chrétiens ne triomphèrent que parce qu'ils parurent meilleurs que les autres hommes. Cela supposait chez ces autres hommes un idéal du Bien, déjà existant, le même que chez les Chrétiens; on le *reconnaissait*, on le connaissait donc : c'était la religion humaine.

Aujourd'hui encore, les religions basent leurs prétentions à la supériorité sur une pratique plus parfaite de la religion humaine : amour du prochain, fidélité à la parole jurée... La vérité de leurs dogmes n'a pas d'autre preuve. On sent bien que si la théologie catholique, par exemple, était une simple philosophie, tout le monde trouverait que l'intellectualisme le plus vulgaire serait assez efficace pour la ruiner. C'est ce dont le pragmatisme s'est aperçu, et voilà pourquoi il prétend que la Vérité se confond avec le Bien.

La puissance de la religion humaine est donc immense. L'Etat lui-même se voit contraint d'afficher vis-à-vis d'elle un respect scrupuleux. Ne voyons-nous pas jusqu'à Ferdinand de Bulgarie (!) professer la correction, apprendre à son peuple qu'il ne fait que se défendre : il s'est dit attaqué par les Serbes (auxquels l'Entente avait interdit peu opportunément l'offensive) et plus tard par les Roumains (qui avaient pourtant un grand intérêt et un fol espoir en la neutralité bulgare) (1).

∴

Ce pouvoir de la religion humaine laisse subsister beaucoup de points faibles. Comme toute religion, elle a ses hypocrites, d'autant plus nom-

____

(1). Manifestes du 4 Septembre et du 26 Novembre 1916.

breux, d'autant plus intéressés à se conduire en faux-dévots qu'elle est plus universelle et plus impérative. Elle confère une considération dont on ne peut se passer ; en même temps, elle gêne ; on n'a alors, si l'on veut concilier les bénéfices de son observation avec ceux de sa violation, d'autre ressource que d'affecter l'une en pratiquant l'autre.

Aussi est-elle impuissante en temps de guerre. Parmi les Etats belligérants, il y en a toujours au moins un qui ment ; celui-là manifestera sans cesse son attachement à la justice, à la paix, à l'humanité, à la modération, et le peuple qui lui obéit le croira, car un peuple en guerre se sent la conscience pure, sans cela il ne pourrait plus faire la guerre. Et le jour de la paix venu, l'Etat menteur sera traité par les autres Etats comme si sa parole valait de l'or.

La religion humaine aura été foulée aux pieds ; les crimes commis contre elle passeront à profits et pertes jusqu'à ce qu'on les recommence.

.·.

La religion humaine est évolutive. Certes il y a en elle des préceptes qui, dépendant de la nature foncière de l'homme, resteront les mêmes tant que cette nature n'aura pas changé ; c'est pratiquement l'éternité ; il y a une morale éternelle.

Mais comme, par certains côtés, les hommes et leurs sociétés évoluent, certaines règles de leur conduite évoluent aussi ; il y a une morale évolutive, une partie évolutive de la religion humaine.

Je ne ferai que citer en passant, et à titre d'exemple, l'évolution de la morale sexuelle ; elle consiste essentiellement, non pas, comme on serait tenté de le croire, en une simple dépravation des mœurs, mais dans une tendance à reconnaître à la femme les mêmes droits qu'à l'homme, notamment et surtout à lui accorder une acceptation de la maternité aussi libre que l'est l'acceptation de la paternité. Il y a là un progrès de justice évident que l'on devra payer par plus ou moins, — le moins possible, — de désorganisation de la famille, de dépopulation, sans compter du renversement de quelques valeurs.

∴

Ce qu'il y a surtout à considérer dans la partie évolutive de la religion humaine, c'est le droit des peuples, notion toute nouvelle, qui était en germe, mais encore mal précisée, dans les principes de 89.

Il se formule d'une manière bien simple : tout peuple a droit à la nationalité de son choix.

Autrefois l'idée de ce droit n'existait absolument pas. Il est vrai qu'elle avait peu de raison d'être. Un peuple qui changeait de souverain ne changeait de rien d'autre, la plupart du temps. Sa vie locale, provinciale, la seule qui eût de l'importance pour lui, demeurait la même, avec la même administration, les mêmes coutumes, les mêmes lois, les mêmes petits princes féodaux ou ecclésiastiques. Le souverain conquérant promettait, en général, par traité de tout conserver en l'état, de ne pas introduire de nouveaux impôts, de respecter les privilèges, libertés, franchises... ; en général aussi, il violait ses engaments, mais pas tout de suite, et comme les anciens souverains en avaient fait autant, cela non plus n'était pas ressenti comme une calamité due particulièrement à l'annexion.

Mais, depuis un siècle, les Etats se nationalisent. Deux grands Etats, l'Allemagne, l'Italie, se sont fondés sur l'idée de race qui n'est qu'une transposition pédante de l'idée de communauté de langues. L'Etat, dès lors, n'impose plus seulement une souveraineté, mais une nationalité : l'Allemagne germanise, la Russie tzariste russifiait, la Hongrie magyarise, et voilà l'Empire ottoman qui ottomanise !

Il en résulte immédiatement que des peuples, même anciennement conquis, se sentent d'une nationalité contraire à celle de l'Etat dont ils sont les sujets. L'extension de l'instruction primaire les fait aller à des écoles où on leur apprend une langue qui n'est pas la leur, alors que jadis, au bon temps de l'ignorance, ils ne parlaient qu'entre eux ; le maître étranger était loin, les rapports avec lui peu fréquents. La diffusion de la presse, l'extension des communications facilitent les propagandes des irrédentismes : comprimés d'un côté d'une frontière, ils foisonnent de l'autre côté.

Ainsi certains besoins moraux des peuples se sont accrus jusqu'à l'exaspération : les peuples veulent être eux-mêmes, différer de ce qui n'est pas eux, avoir leur langue, leur enseignement, leur drapeau, leur autonomie administrative, leur indépendance politique... La non satisfaction de ces besoins cause d'âpres souffrances ; ils sont réellement vitaux. Tout ce qui est nécessaire à la vie constitue un droit.

De là les droits des peuples. Leur reconnaissance, la lutte, le martyre pour eux, c'est là le sommet de la religion humaine, et c'est éminemment religieux si l'on attache cette épithète à ce qui se dégage le plus de l'égoïsme.

∴

Par là, la religion humaine est au-dessus des religions qui, en ce qui concerne ces droits, ne peuvent l'aider, si même elles ne la combattent pas.

Les reproches que l'on a faits au Pape n'ont aucun fondement : il ne *pouvait pas* prononcer un jugement sur les violations du droit qui sont à l'origine de la guerre : ce n'était pas de son ressort, puisqu'il s'agissait là de religion humaine, religion terrestre et *temporelle*, et que la fonction pontificale est de sauvegarder avant tout les intérêts *spirituels* de la religion catholique. Si le Souverain Pontife donnait tort à l'Allemagne, c'était s'aliéner vingt-cinq millions de sujets de Guillaume et l'Autriche, c'était risquer un schisme ; or que représente un tel évènement ? des fidèles en foule quittant le giron de l'Eglise, compromettant leur salut. Fallait-il mettre en balance la perte éternelle possible de quelques âmes, fussent-elles seulement deux ou trois, avec les rancœurs résultant de la non condamnation d'un crime politique, souffrances amères, sans doute, mais qui ne dureraient pas au-delà de quelques années et seraient, après tout, autant de pris sur le Purgatoire ?

Le seul tort du Pape a été de proclamer en même temps son souci de la justice et son refus de juger : « Quant à proclamer qu'il n'est permis à personne, pour quelque motif que ce soit, de léser la justice, c'est sans aucun doute le plus haut devoir qui incombe au Souverain Pontife, constitué par Dieu comme son interprète suprême ; et nous le proclamons sans détour, réprouvant hautement toute injustice, de quelque côté qu'elle ait été commise. *Il est inutile* pour cela *d'engager l'autorité pontificale dans le litige même des belligérants.* A coup sûr, pour tout esprit pondéré, il est manifeste que... *le Saint-Siège... est tenu de garder une complète impartialité.*

« ...S'il (le Saint-Siège) se comportait autrement... il attirerait à la religion des aversions et des haines, et exposerait à des troubles fort graves la tranquillité et la concorde intérieure de l'Eglise (1) ».

Le Pape en fait ici l'aveu : les intérêts de l'Eglise, dont il a la charge, lui interdisent de se prononcer. De cela on ne saurait le blâmer, mais ce qui est vraiment extraordinaire, c'est de dire : — Je suis Juge, je remplace Dieu même, donc ma compétence est universelle, et c'est pourquoi je ne me mêlerai pas de vos litiges. — Rien ne confond davantage le sens que d'entendre définir cette abstention « impartialité ». Jusqu'ici pourtant, on appelait juges impartiaux les juges qui jugeaient impartialement, mais qui jugeaient, non ceux qui se dérobaient ; ceux-là étaient implicitement partiaux pour le crime.

Etre impuissant, soit ! mais pourquoi étaler ainsi son impuissance ?

---

(1). Allocution consistoriale du 22 Janvier 1915.

Quoi qu'il en soit, elle se manifeste clairement, et c'est elle que l'on retiendra comme étant celle de la religion catholique.

Les autres religions ne font pas preuve d'un plus grand pouvoir.

Comme les Eglises non catholiques sont essentiellement nationales, elles combattent, souffrent ou oppriment avec leurs peuples.

M. Alfred Loisy (1), a mis en évidence cette séparation entre les religions et la religion humaine. Il a montré l'esprit de violence, l'absence du sentiment le plus élémentaire de justice, qui règnent chez quelques chefs de chrétienté, les soi-disant adorateurs de ce Dieu qui aima mieux triompher en se laissant supplicier qu'en imposant sa toute-puissance par l'épée des Archanges.

Un vénérable pasteur, dit-il (2), M.C.E. Babut, de Nîmes, écrivit le 4 Août 1914 à M. E. Dryander, premier prédicateur de la cour à Berlin : il voulait provoquer une déclaration générale de tous les chrétiens belligérants dans laquelle, tout en proclamant leur attachement à leurs patries, ils se reconnaissaient les fils du même Père céleste, s'engageaient à proscrire la haine de leurs cœurs, à faire tout ce qui était en leur pou-

---

(1) Guerre et Religion. — Paris, Emile Nourry, 1915.
(2). Ibid, p. 51 et sqq.

voir pour que la guerre fût conduite avec toute l'humanité possible, à prier Dieu pour le proche avènement d'une paix juste et définitive.

Le 15 Septembre, le prédicateur de Guillaume II répondit en son nom et au nom de deux de ses collègues par une fin de non-recevoir. Il ne voulait pas s'associer à ce qui eût la plus lointaine apparence d'un avertissement quelconque donné à l'Allemagne de conduire la guerre suivant les exigences de la miséricorde et de l'humanité, avertissement, selon lui, inutile et injurieux.« De notre côté, écrit-il, on combat avec une maîtrise de soi, une conscience et une douceur dont l'histoire universelle n'offre peut-être pas d'exemple jusqu'ici... Si nous devions en notre qualité d'Allemands signer une déclaration comme celle que vous nous proposez, ce ne pourrait être qu'après que les chrétiens anglais, français et russes auraient d'abord flétri publiquement l'infamie de l'attaque, le crime sacrilège qui seul a rendu cette guerre possible ».

Magnifique échantillon de la brutalité stupide avec laquelle peut se concilier un christianisme national. Quand le Pasteur Dryander expédiait son épître, il y avait eu toutes les atrocités de Louvain et d'ailleurs ; passe encore que le Révérend crût que c'était faire la guerre avec « une maîtrise de soi, une conscience et une douceur dont l'histoire universelle n'offre peut-être pas d'exemple... » mais s'imaginer que M. Babut partagerait cet avis, c'est plutôt cela dont il n'y a pas d'exemple dans l'histoire universelle.

Le digne M. Babut, d'un autre côté, illustre bien l'insuffisance du christianisme en matière de rapports entre nations. Il suggère que les Chrétiens belligérants demandent à Dieu une paix juste ; c'est donc que la religion ne suffit pas à leur indiquer impérativement où est, sur ce point, la justice ; sans cela ils seraient d'accord et ne se battraient pas.

M. Alfred Loisy développe tout le long de son livre ce qui, dans la religion humaine, échappe aux religions.

.*.

L'ennemi de la religion humaine, c'est l'Etat, dont la morale se réduit à la raison d'Etat, et la raison d'Etat ce n'est guère que la raison de l'apache : — j'ai droit à ta montre parce que je la veux et que tu ne m'empêcheras pas de la prendre, j'ai droit à ta vie parce que tu me gênes et que tu n'es pas capable de te défendre. —

Encore si la raison d'Etat était exprimée avec cette netteté, elle serait presque acceptable. Ce qui la rend odieuse, c'est qu'elle déshonore ses victimes ; ayant le pouvoir de tromper à discrétion, puisque nul n'aurait la force de lui faire rentrer ses mensonges dans la gorge, elle apparaît comme la suprême vertu, et ceux qu'il lui plaît de terrasser deviennent par le fait même souillés de toutes les fanges morales.

En temps de paix, la raison d'Etat s'exerce à l'intérieur des pays, mais là elle est bridée par l'opinion qui, si peu développée soit-elle, n'en présente pas moins un certain obstacle à l'arbitraire.

Quand la guerre éclate, elle règne sans aucune espèce de frein lorsqu'elle a pour complice un peuple fortement discipliné.

C'est le cas de l'Allemagne.

∴

L'Allemagne représente le plus formidable ennemi de la religion humaine qu'il y ait jamais eu.

Elle est plus qu'un Etat : un *Sur-Etat*. Composée de plusieurs Etats qui ont été contraints par la force à obéir à l'un d'eux, la Prusse, elle n'accepte cette sujétion qui, partout ailleurs, serait considérée comme honteuse, que par dévouement pour une entité collective, supérieure à la Prusse même, l'Allemagne ; c'est là plus qu'une patrie, c'est un monde, une humanité à part.

La raison d'Etat devenant alors une *sur-raison* de *sur-Etat*, on voit à quel degré d'abjection tombent les ennemis du guerrier germanique. Ce

guerrier a toutes les vertus, et c'est par définition, comme l'atteste la lettre du Rev. Dryander.
De là un raisonnement absolument général : des
atrocités ont lieu, or le guerrier germanique est
par sa nature bon, doux, patient, humain, donc
la responsabilité des horreurs retombe sur ses
seuls adversaires.

Ainsi a-t-il été argumenté lors des abominations de Louvain : « Celui qui connaît le bon
caractère de nos troupes ne saurait sérieusement
prétendre qu'elles puissent avoir un penchant
aux destructions inutiles ou même malveillantes.
C'est à la population belge elle-même, qui s'est
placée en dehors du droit et de la loi, qu'incombe
la pleine responsabilité des évènements... (1) ».

Comme si cet argument valait quelque chose !
Tous les gens qui ont vu la guerre, une guerre
quelconque, savent bien que des hommes qui, en
temps ordinaire, auraient la plus grande répu-
gnance à égorger un poulet, sont parfois pris en
campagne de véritables accès de folie sangui-
naire. Chaque pays réprime en temps de paix
une quantité de crimes, et il compte que sa police
en prévient d'autres en beaucoup plus grand
nombre, et il voudrait faire croire que tous ces
germes de barbarie qu'il y a dans sa population

____

(1). Version communiquée à la presse, le 31 août 1914, par
le Consulat d'Allemagne à Genève.

disparaissent aussitôt qu'une guerre s'engage : plus de brutes, rien que des paladins sans reproche !

Niaiserie enfantine !

∴

On n'ignore pas non plus tout ce que des hommes, nullement cruels par tempérament, commettent d'effroyable *par ordre*. La responsabilité remonte alors à l'Etat ; il y a crime d'Etat.

L'attentat de Louvain était un des innombrables forfaits de cette espèce qui furent commis pendant la présente guerre.

Si l'on contestait la culpabilité, il n'y avait qu'à porter le litige devant des juges qui ne fussent suspects ni à la Belgique ni à l'Allemagne : on en eût trouvé, et la cause était relativement simple.

Mais un Etat et, a fortiori, un Sur-Etat, veut toujours être juge et partie, et même, quand il est partie, le seul juge. L'Allemagne a repoussé comme dérisoire, lors de l'affaire du *Baralong*, la proposition britannique de soumettre le cas ainsi que trois autres à un tribunal d'officiers de la marine américaine.

Le Sur-Etat abhorre une semblable procédure : il y risquerait sa sainteté sans tache et son infaillibilité, attributs divins qui lui sont indispensables pour demeurer la Force. Supposez que des arbitres acceptés par l'Allemagne trouvent que les coups de fusil tirés à Louvain ne l'ont été que par des guerriers germaniques, quel désastre pour le sang-froid allemand, la discipline allemande, la justice allemande, l'humanité allemande ! Pourquoi, de la part du Sur-Etat, s'exposer à une telle éventualité, aussi grave que la mort, tant que rien ne peut l'y contraindre, tant que les Allemands l'adorent en s'écriant : — Saint ! Saint ! Saint ! le Sur-Etat germanique ! Tu es la Justice absolue et totale, te faire juger par un autre que toi-même, ce serait te faire juger par moins juste que toi, commettre un acte aussi contraire au bon sens qu'à l'équité. —

∴

Si cependant, comme l'espère M. de Bethmann-Hollweg, il doit y avoir une société de nations, libres et jouissant de droits égaux, il faudra que la justice règne et ne soit pas unilatérale ; elle ne règnera pas si l'on ne se passionne pas pour elle ; on ne se passionne pas pour elle si l'on propose, une fois la paix conclue, de passer l'éponge.

Il ne faut pas oublier.

Que cette parole ne scandalise pas les bonnes âmes qui, rêvant de fraternité universelle, demandent qu'on s'embrasse en pleurant « et que cela finisse comme s'il ne s'était rien passé ».

Accordons leur que les hommes, tous sujets au déchaînement de bestialité produit en eux par la guerre, doivent se le pardonner mutuellement.

Mais la question n'est pas là.

La guerre consiste en autre chose qu'en un choc d'êtres dont l'âme raisonnable fait des fauves aggravés ; elle se produit entre Etats.

Or l'Etat coupable échappe à toute répression extérieure. La défaite ne l'atteint pas : c'est toujours son peuple qui paie. On a bien parlé de liquider la présente guerre par un procès suivi de sanctions contre les responsables ; mais qui est responsable ? Dans un Etat autoritaire comme l'Allemagne, le souverain, et rien que lui; tous les autres agents du pouvoir, chancelier, ministres, fonctionnaires, généraux, ont agi par ordre ou avec l'approbation du Seigneur de la guerre, sans cela ils eussent été punis par lui.

Il n'y aura pas de justice si, en même temps qu'eux, on ne châtie pas leur maître.

(CENSURÉ)

L'Etat ne peut donc être utilement réprimé que par le peuple qu'il gouverne.

C'est pour cela qu'il ne faut pas oublier, qu'il ne faut rien oublier des abominations commises par ordre, des crimes qui engagent une responsabilité d'Etat.

Oubliez, et le peuple en question oubliera, lui aussi. Mais s'il voit qu'une tenace réprobation pèse sur ses épaules à cause des crimes de l'Etat qu'il subit, son opinion finira par se tourner contre cet Etat et le renverser.

Alors seulement l'espoir d'une paix durable cessera d'être entièrement chimérique.

∴

La paix, en effet, n'aura d'assises solides que grâce à la force capable de mâter la force de l'Etat, à l'opinion.

Toutes les institutions juridiques que l'on rêve pour remplacer le règne de la Force par celui du Droit devront nécessairement être appuyées par un pouvoir ayant le même rôle dans le monde que la police dans un pays. Mais la police intérieure, telle que nous la connaissons, n'existerait même pas sans l'appui au moins tacite de l'opinion. Il est bien clair que si tout le monde s'accordait à autoriser tous les délits sur la voie publique, il n'y aurait pas de sergents de ville.

L'empire du Droit ne s'établira donc jamais, ou il sera précédé par une opinion mondiale suffisamment unanime à réprouver les méfaits qui se commettent entre Etats.

Mais cette opinion mondiale ne se recrutera que chez les démocraties qui, elles, sont habituées à dompter l'Etat.

Aussi M. Wilson voit-il juste quand il compte le progrès démocratique parmi les conditions nécessaires à l'établissement de la paix définitive.

Ne concluons pas que cette condition soit suffisante.

CHAPITRE VIII.

Le progrès social

Comme la plupart des progrès, le progrès social a des antinomies à résoudre ; la principale est celle de l'individualisme et de l'instinct social.

Ni l'un ni l'autre des deux termes qui s'opposent ici ne peuvent être sacrifiés : il faut qu'ils se développent ensemble.

Combattre l'individualisme, c'est obscurcir l'intelligence et la conscience, c'est ramener l'homme à l'animal, les cités humaines à ces cités d'insectes dont le type le plus représentatif est la ruche d'abeilles.

L'abeille est la bête la plus remarquablement dénuée d'intelligence quand il s'agit de sa conservation personnelle. Si vous la mettez dans une bouteille dont vous avez tourné le fond vers la lumière, elle restera obstinément collée à ce fond, tandis que la mouche, placée dans la même situation, volera de droite et de gauche, en haut, en bas, dans toutes les directions, au hasard, jusqu'à ce qu'enfin elle sorte par le goulot. L'abeille enfermée sous une cloche avec des vivres tels que miel ou sucre se laissera mourir de faim, ce qui n'arrivera à nul autre insecte. Une fois sortie de la ruche, l'abeille ne connaît plus ni amis ni ennemis : elle ne secourt pas ses concitoyennes attaquées, elle est une proie facile pour certains hyménoptères de sa taille et de sa force qui la tuent prestement et l'emportent pour la donner en nourriture à leurs larves. On a élevé côte à côte des ruches de mélipones et des ruches d'abeilles ; il fut observé alors que les abeilles revenaient mutilées du butinage, tandis que toutes les mélipones rentraient saines et sauves ; cela prouve que les premières ne savaient ni reconnaître les étrangères ni s'en défendre. Les gens qui laissent diriger leurs jugements par la sentimentalité verraient là la preuve du caractère foncièrement pacifique des abeilles ; grave erreur : il y a des guerres entre abeilles, et ce sont *toujours* des guerres de pillage.

En revanche, on ne saurait trop admirer, dans la psychologie de l'abeille, tout ce qui a trait à la vie de la communauté. Jamais on ne voit l'abeille baguenauder comme la fourmi ni se livrer à des bombances égoïstes comme la guêpe ; toujours l'ordre et la précision dans ses travaux, aucune hésitation, aucune confusion ; elle sait à chaque instant ce qu'elle a à faire ; on ne verrait pas chez elle ce grouillement anarchique des fourmis qui, pour transporter un brin de paille, tirent à cinq par un bout, à cinq par l'autre bout et en sens contraire, sans compter celles qui tirent latéralement et celles qui se promènent sur le brin en le mordillant, sans pouvoir tirer.

C'est l'abeille qui représente le mieux le règne et la réussite de l'instinct.

∴

Pour parler symboliquement, l'instinct n'a comme but que la conservation de la race ; il enregistre les mesures qu'il faut prendre pour éviter les périls qui la menacent et lui assurer une prospérité suffisante. Il est adapté à un nombre limité d'évènements qui se rapportent tous à la multiplication, à l'éducation et à la conservation de la progéniture.

Quand il s'agit d'eux, il ne se trompe jamais, il ne tâtonne pas, il n'hésite pas, il procède avec une sûreté parfaite.

Il peut, dans certains cas, se désintéresser complètement de l'individu. Qu'importent à la race des accidents qui supprimeront une centaine d'abeilles dans une saison si, pendant le même temps et grâce aux éclosions de larves, elles ont été rempacées par des milliers d'autres ?

Ces accidents sont du rare, de l'imprévu,

comme le fait, pour une abeille, d'être enfermée dans une bouteille. Là ce serait au tour de l'intelligence d'entrer en action. La mouche qui finit par s'évader en sortant par le goulot montre un rudiment d'intelligence par le fait seul qu'elle se livre à une série d'essais. L'intelligence tâtonne, se reprend, se livre à des efforts qui ne réussissent que par hasard du premier coup ; le propre de l'intelligence est de commencer par se tromper.

Quand une activité est du ressort de l'instinct, l'intervention de l'intelligence la retarde nécessairement. Nous savons, par les travaux des physiologistes, que si l'on procède à l'ablation du cerveau d'un animal, les réflexes que l'on provoquera seront beaucoup plus rapides (1). Le passage par le cerveau des excitations venant du dehors ralentit donc la réponse que nous leur faisons ; c'est comme une résistance que s'interpose le cerveau dans le circuit action-réaction de nos relations avec le monde extérieur, résistance d'autant plus forte que la réponse sera plus intelligente. La conscience n'est que la manifestation psychologique de cette résistance. Nous avons appris, en effet, de notre expérience,

---

(1). Voir E. Gley. — **Physiologie.** Paris, J. B. Baillière et Fils, 1913, p. 984.

que moins nous rencontrons de difficultés, plus nous agissons inconsciemment.

∴

L'intelligence et la conscience sont donc d'origine individualiste et nuisent à l'activité instinctive.

Il semble y avoir antinomie entre elles et l'action en général qui, pour être intensive, rapide et sûre, doit procéder de forces analogues à l'instinct, de mouvements spontanés, d'intuitions, de sentiments qu'on ne discute pas, de réflexes moraux.

En réalité, l'opposition n'est pas absolue, puisque l'intelligence consciente d'aujourd'hui se métamorphose souvent en l'intuition de demain.

Henri Poincaré cherche une grande généralisation mathématiques : son intelligence y peine, il a conscience de se livrer à de rudes efforts, et finalement il renonce à ce travail, il n'y pense plus. Longtemps après, tandis qu'il gravit l'impériale d'un tramway, la solution du prob'ème lui apparaît claire, complète. Les trouvailles qu'il arrive à l'intuition de faire ainsi, comme par un miracle soudain, ont toujours été précédées par les recherches conscientes de l'intelligence.

Ce sont les nécessités psychologiques pratiques qui empêchent une conciliation stab'e entre l'intelligence consciente et les forces de type instinctif. On ne saurait tout avoir : il est difficile d'accorder l'intensité des sentiments, qui en implique le respect aveugle, avec celle du sens critique qui les analyse sans ménagements.

Aussi en est-on venu à mettre alternativement à la mode l'intelligence et l'action, faute de pouvoir réduire l'antagonisme des esprits où prédomine l'une ou l'autre.

C'est bien contre la première et en faveur de la seconde que se prononcent les anti-intellectualites. Leurs philosophes se trompent grossièrement quand ils croient être suivis par des gens qui professent la doctrine pragmatiste et bergsonienne de l'*intelligence* tout entière *conditionnée par l'action* ; ils ont au contraire pour disciples ceux qui *opposent l'action à l'intelligence*. Au lieu de lire Bergson et William James, lisez les romanciers, les publicistes, les écrivains non professionnellement philosophes qui combattent l'intellectualisme, qui prônent l'action, vous les verrez toujours dresser contre l'intelligence, et comme seules favorables à l'action, les forces instinctives.

∴

Intelligence et action, chacune avec les conséquences qu'elle comporte, n'en sont pas moins également nécessaires à l'existence d'une société. Sans l'intelligence consciente et l'individualisme qui en est inséparable, ce ne serait pas une société humaine ; sans les penchants irraisonnés qui dictent l'action rapide et précise dans l'intérêt de la race et de la communauté, ce ne serait pas une société du tout.

La place manque pour étudier ici comment le progrès social trouverait le moyen de cheminer à la fois par l'accroissement de l'individualité, par le progrès individualiste, et par l'accroissement de l'abnégation individuelle, le progrès altruiste. On se trouve là, comme dans le cas de l'évolution biologique, en face d'un progrès total qui s'effectue en payant l'un par l'autre deux progrès partiels.

Il sera seulement fait une remarque qui servira dans la comparaison du progrès international avec le progrès social, c'est que celui-ci ne s'accomplira à aucun degré aux dépens de l'individu, mais bien au contraire par un respect absolu de l'individu.

La nature humaine le veut ainsi. L'homme pourrait se définir un animal individuel, parce que le développement de sa conscience est par comparaison si grand qu'elle le distingue nettement de l'animal et que la conscience est essentiellement individuelle ; on serait en droit de dire qu'elle constitue à elle seule l'individu psychologique.

Une société humaine sera donc d'autant plus

humaine qu'elle favorisera davantage l'individu. Le bon sens indique d'ailleurs qu'une société composée de membres conscients ne prospèrera pas dans le mécontentement de ses membres.

Mais, vivant ensemble, les individus réagissent mutuellement, et certains, par le foisonnement d: leur personnalité, par leur « impérialisme », en arrivent à empiéter sur les autres. C'est ce qu'il faut éviter au nom de l'individualisme même : libre expansion de l'individu, à condition qu'aucune diminution d'individu n'en soit la conséquence.

Les socialismes eux-mêmes prennent souvent l'individu comme point de départ ; ils font alors observer, avec juste raison, qu'il est amoindri lorsque son taux de vie demeure au-dessous d'un certain niveau.

Le maintien de l'intégrité de l'individu apparaît comme une nécessité irréductible du progrès social.

C'est pourquoi il est bon que les individus aident en cela la société par une très vive opposition à ce qui entame leur personnalité, qu'ils soient exigeants pour le respect de leur dignité, orgueilleux dans le sens défensif du mot. Il n'y a pas à limiter la résistance de l'individu : elle représente toujours autant de gagné dans l'œuvre, qui incombe à la société, de préservation contre les individus trop « impérialistes ».

CHAPITRE IX.

Le Progrès international
La Société des Nations

Les conditions du progrès international présentent de grandes analogies avec celles du progrès social.

Il s'agit encore d'une société qui ne prospèrera pas sans le maintien absolu de l'intégrité de l'individu.

Mais ici, l'individu, c'est la nationalité.

Deux différences très notables empêchent un parallélisme complet entre une cité humaine et la société des nations : l'individu-nation est de formation récente et il se compte par dizaines, et non par millions, comme l'individu proprement dit.

L'État d'ancien régime a pu réunir sous sa domination des peuples qui fussent aptes à se fondre en une seule nationalité, mais cette fusion lui était indifférente ; il ne la cherchait pas, il n'exigeait de leur part que du loyalisme, sans réclamer qu'aucun autre lien les réunit entre eux. Il se conduisait en propriétaire féodal, basant ses manœuvres diplomatiques sur des questions d'héritage ; ses guerres étaient presque toutes suscitées par une ouverture de succession, querelles d'héritiers qui se disputent les biens d'un *de cujus*. Il prenait du terrain partout où il pouvait, ne dédaignait pas les enclaves très éloignées du noyau de ses domaines. C'est ainsi que les rois de France et les Habsbourg se battirent pour le Milanais. Les États d'Allemagne subsistent comme témoins de ce procédé de croissance : plusieurs d'entre eux figurent sur la carte comme un éparpillement de taches.

Il n'y a que cent ans, cette conception était encore sanctionnée par le Congrès de Vienne. Les souverains y traitèrent entre eux comme des propriétaires qui remanient la distribution topographique de leurs champs suivant un système de compensations : à la Hollande les Pays-Bas autrichien (Belgique actuelle) contre le Cap aux Anglais, à l'Autriche la Lombardo-Vénétie contre les Pays-Bas autrichiens, à la Prusse la rive gauche du Rhin contre la part prussienne du dernier partage de la Pologne, part échue à la Russie...

Cette œuvre diplomatique n'eut de sens qu'au point de vue des droits de souveraineté, lesquels se confondent avec les droits de propriétaires qui seraient maîtres absolus chez eux. En principe, on laissait à chaque souveraineté l'importance territoriale qu'elle avait en 1789. Il ne fut tenu compte d'aucune autre considération ; on ignora notamment, sans plus, les questions de nationalité.

∴

Questions que la Révolution de 89 venait toute juste d'indiquer.

N'oublions pas qu'avec les fêtes révolutionnaires de la Fédération la France devint une nation. De leur plein gré, ces populations des diverses provinces que le roi appelait *mes peuples* formèrent un seul peuple ; un nationalisme remplaça le loyalisme monarchique.

L'Etat d'ancien régime considéra bien le nationalisme comme étant en opposition avec lui : les mouvements en faveur de l'unité italienne, de l'affranchissement de la Pologne, furent tenus pour révolutionnaires par les monarchies et leurs partisans. Il en fut ainsi, et pendant quelque temps, même de l'agitation nationaliste allemande, qui se montra en grande partie libérale et se heurta aux gouvernements absolus de maintes cours germaniques ; jusqu'en 1870, des féodaux prussiens répugnèrent à l'unification de l'Allemagne, fût-ce sous l'hégémonie prussienne, si apte pourtant, comme elle le prouva, à muer le libéralisme en un fantôme sans consistance.

Beaucoup de nationalités naquirent ainsi au cours du XIX° siècle, et leurs éclosions en créèrent souvent d'autres. Il y eut répercussion de proche en proche, parce que chacune d'elles, lorsqu'elle se libéra, n'eut rien de plus pressé que de s'affirmer avec la plus grande force possible, contraignant par là certaines populations à s'apercevoir qu'elles étaient d'une nationalité différente. Quand les Magyars eurent secoué le joug de l'Autriche, ils voulurent que tout se magyarisât dans les limites de la couronne de Hongrie ; alors les Roumains de Transylvanie, les Serbes du Banat, comprirent à quel point ils étaient non-magyars, ce dont, sans cela, ils ne se fussent peut-être jamais doutés.

.˙.

La nationalité est l'individu de la société des nations ; il se développe, prend conscience de lui-même, souffre avec une acuité croissante de toute diminution relative ou absolue qu'il sent infliger à sa personne. Il n'y aura pas de société des nations, mais un équilibre précaire de nations sujet à des ruptures catastrophiques tant que persisteront les amertumes des peuples qui n'ont pas la nationalité de leur préférence.

Non pas qu'il soit toujours impossible à un

Etat de molester des peuples sans préjudice pour la paix générale : la persécution commune des Polonais par la Prusse et la Russie rapprochait ces deux monarchies et empêchait que la question polonaise devînt européenne. Mais supposez qu'après cette guerre-ci la partie russe de la Pologne reçoive seule son indépendance, voilà aussitôt que les Polonais asservis à la Prusse, les Posnaniens, rêveront de se voir réunis à leurs frères libérés ; les relations de ces deux Pologne seront celles de la Serbie avec la Bosnie-Herzégovine, et l'on voit très bien une nouvelle guerre européenne déchaînée par un attentat de Posen, comme la présente a suivi l'attentat de Serajevo.

Il en est de même toutes les fois qu'une frontière sépare deux portions d'un peuple qui voudraient se réunir, l'une de ces portions étant libre, l'autre mécontente de la souveraineté qui pèse sur elle.

L'annexion de l'Alsace-Lorraine fut ainsi la cause directe de la Grande Guerre. L'Allemagne a fait la Triple Alliance pour se garantir la tranquille possession de sa conquête ; la France s'est alliée à la Russie pour ne pas rester isolée, alliance que l'Allemagne nous reprocha, mais nous avait-elle laissé le choix ? Lorsqu'ensuite elle s'est mise à faire de la politique mondiale, cela impliquait par la force des choses qu'elle entrât en rivalité d'armements navals avec l'Angleterre ; la Triple Entente en résultait non moins fatalement. Les Balkans firent le reste.

Comme dans le cas de l'individu membre d'une société ordinaire, la société des nations a intérêt à ce que l'individu-nationalité soit de plus en plus exigeant pour le respect de son intégrité matérielle et morale : par là il oppose une résistance croissante aux impérialismes.

Ceux-ci font la grande difficulté qui gêne la réalisation d'un ordre stable de la société des nations.

Il y a dans un pays des organisations qui offrent un recours contre l'impérialisme des individus : des tribunaux, une police. Elles manquent complètement pour réprimer l'impérialisme des nationalités.

Quand il n'est pas suffisamment combattu par l'opinion, l'impérialisme ne s'inspire que de la raison d'Etat, de la raison d'apache, qu'il revêt, circonstance aggravante, de toutes les hypocrisies des faux dévots de la religion humaine : chaque fois qu'il conduit à prendre le bien d'autrui, c'est en vertu de la Justice, du Droit, de l'Humanité, de la Civilisation, d'une mission divine dont serait investi un peuple élu : représentez-vous le rôdeur vous soulageant de votre portefeuille, sous prétexte qu'il est un rôdeur désigné par les décrets éternels de la Providence !

Toutefois on ne saurait condamner en bloc l'impérialisme considéré comme besoin d'expansion, ce besoin étant plus un désir d'accroissement de considération, une poussée d'orgueil, que l'effet de nécessités matérielles comme le boire et le manger.

Les droits d'expansion commerciale et industrielle sont inquestionnables.

L'expansion coloniale elle-même se justifie en ce qu'il est de l'intérêt général de la civilisation que les peuples trop arriérés tombent sous la tutelle de puissances capables de gestion économique. Au total, balance faite des actes de sauvagerie commis par les civilisateurs, ce fut un bien que le partage de l'Afrique entre Européens. Mais, dans la distribution des parts, il importait fort peu à l'intérêt économique des partageants qu'ils fussent amplement, chichement ou pas du tout lotis ; s'adjuger un gros morceau, ce n'était qu'une affaire d'amour-propre.

Les avantages de la possession de colonies demeurent, en effet, très problématiques. Si vous voulez exploiter une colonie *pour* la métropole, la colonie ne s'enrichit pas et coûte au lieu de rapporter ; si vous visez la prospérité de la colonie, il faudra lui laisser pratiquer ses importations au meilleur marché possible ; alors, la plupart du temps, elle n'importera pas de la métropole qui dira : — A quoi bon une colonie où je ne trouve pas de débouché — ?

Aux colonies qui deviennent colonies de peuplement, on doit accorder un jour ou l'autre l'autonomie, ou elles se séparent ; autonomes, elles font du protectionnisme contre la métropole pour développer leurs industries.

Vous désirez des colonies pour avoir des produits que votre sol vous refuse : du café, du coton. Mais le Brésil vous vendra autant de café, les Etats-Unis autant de coton que vous voudrez, et cela meilleur marché que vos colonies, si bien que vous mettrez des droits sur le café du Brésil et le coton des Etats-Unis. Dites donc que vous désirez des colonies pour payer plus cher votre coton et votre café.

Ou dites plutôt, et cela enfin sera raisonnable, que vous voulez des colonies par orgueil national, pour que votre pays tienne plus de place dans le monde, fasse parler de lui, répande sa langue. Ambition légitime ; du moment qu'il faut, dans l'intérêt de l'humanité, que la planète entière soit exploitée, et tant qu'il en restait des parties dénuées d'exploitant, chaque pays avait le droit de se dire : — autant que ce soit moi, cet exploitant —. Affaire de magnificence, non d'intérêt.

L'amour-propre national se retrouve derrière tous les intérêts économiques nationaux. Ceux-ci sont en réalité le désir d'éviter l'humiliation de voir les étrangers faire ce que l'on pourrait faire soi-même ; l'intérêt brut vous commanderait, au contraire, de les laisser faire ce qu'ils font mieux que vous, de leur laisser transporter vos marchandises quand leurs frets sont plus bas que les vôtres, gérer chez vous des entreprises quand ils trouvent pour cela des capitaux que vous ne savez allécher, vous vendre bon marché des marchandises que vous ne pouvez produire que cher...

Je le répète, ce sentiment est légitime, honorable même.

Il se heurte au sentiment analogue, non moins légitime, non moins honorable du voisin.

Il a ses excès dont il n'est pas toujours facile de dire où ils commencent et par quoi sa morale rejoint celle de la raison d'Etat.

De sorte que la société des nations a une existence fort difficile.

Même quand les droits des membres qui la composent sont légitimes, ces droits s'opposent, comme c'est le cas pour ceux dont on vient de parler. De là naissent des jalousies et des reproches de jalousie : le grand grief de l'Allemagne contre ses ennemis, c'est qu'ils étaient jaloux de sa prospérité industrielle et commerciale, tandis qu'elle-même, certainement, était jalouse de nos colonies. Causes d'aigreur, sans plus, simple appoint à l'exaspération des inimitiés lors des crises internationales.

Il y a des dissentiments plus profonds et plus graves qui se réveillent avec une intensité inattendue lorsqu'on les croit étouffés : ce sont tous ceux qui ont pour origine des aspirations non satisfaites de nationalités.

Au surplus, les membres de la société des nations montrent une susceptibilité extrême qu'il faudrait approuver sans réserve si elle faisait renchérir sur le droit d'autrui autant que sur la justice réclamée pour soi-même.

Leur égoïsme les rend souvent adeptes de cet apachisme d'Etat que rendent plus odieux une fervente adhésion verbale à la religion humaine et une « science » qui n'est que cuistrerie et s'en va chercher de soi-disant droits historiques et ethniques dans les Commentaires de César et les tombes de l'âge de la pierre polie.

Lorsqu'ils sont pris d'accès de bonne volonté mutuelle, — cela leur arrive, — ils ne sauraient s'entendre. Ce sont des êtres de nature trop différente pour parler un langage intelligible à chacun d'eux : il y a des nations plus ou moins étatisées, des Etats plus ou moins nationalisés, des démorcraties du type le plus moderne, un Etat comme l'Autriche-Hongrie représentant la pure survivance de l'Ancien Régime, groupant des peuples autour d'une couronne par le lien unique d'un loyalisme imposé.

Abstraction faite de la présente guerre, la société des nations n'existe donc que virtuellement, puisque les unités qui la constitueraient par leur assemblage ne sont pas encore toutes des nations.

Leur incompréhension mutuelle, qui provient de la diversité de leurs espèces, a pour conséquence leur mésentente dans la conception du droit ; quand elles cherchent à se concerter sur l'équité, cet effort n'a aucun sens : puisque certaines ne connaissent que le droit de souveraineté, ce vieux droit de propriétaire de l'ancien régime, elles ne s'accorderont jamais avec celles qui admettent un droit des peuples affranchissant au contraire les peuples de tout droit de propriété sur eux.

Si donc on espère le règne de la paix d'un accord stable entre les peuples, il faut d'abord que les membres de la virtuelle société des nations deviennent des êtres d'espèce voisine, et ensuite qu'ils acquièrent cette notion commune du droit que leur donnera l'adhésion sincère, et non plus seulement verbale, à la religion humaine.

Ces deux conditions ne seraient réalisées que

par la diffusion mondiale de l'opinion, frein de l'Etat, antithèse des principes sur quoi se base le droit de souveraineté opposé au droit des peuples.

Elles reviennent à l'établissement universel de la démocratie. Leur réalisation a fait un grand pas avec la révolution russe qui a divisé l'Europe en deux groupes : celui qui est capable de former une société des nations, celui qui ne l'est pas.

Mais les deux conditions énoncées, qui sont nécessaires, ne suffisent pas : il subsiste bien des difficultés suscitées par les impérialismes, par l'attachement à la raison d'Etat, qui subsistent dans les démocraties les plus achevées.

∴

Etant donnés les obstacles qui rendent si aléatoire l'établissement d'une société fraternelle des nations, on pouvait imaginer que l'histoire amenât auparavant la paix durable d'une autre manière : qu'un Etat imposât au monde son hégémonie, contraignît les nations, par la menace de sa force, à former une association qu'il eût présidée et où il eût maintenu la paix par la discipline.

Cet Etat serait aujourd'hui l'Allemagne, si elle avait réussi à écraser la France en 1914.

La Grande Guerre posa nettement la question :

ou bien organisation hiérarchique de l'Europe
sous la haute tutelle de l'Allemagne, ou bien
ouverture des voies à une société des nations
constituée sur la base du consentement libre et de
l'égalité des droits.

CHAPITRE X.

Organisation germanique de l'Europe

L'Allemagne a maintes fois protesté, par l'organe de Bethmann-Hollweg, qu'elle n'aspirait qu'à une hégémonie purement morale, issue de la libre concurrence entre nations, et où n'entrait aucune velléité de domination politique.

Peu importe que le chancelier germanique soit sincère ou non, qu'on le croie ou non, le fait est que si l'Allemagne n'avait pas essuyé la défaite de la Marne, elle serait la maîtresse de l'Europe. Il y a chez elle des annexionistes fervents, mais pourquoi les eût-elle écoutés ? En exigeant de la France assez de milliards, elle l'eût désarmée militairement et asservie économiquement, cela revenait à l'annexer tout entière sans assumer les charges de la domination.

Ou bien elle lui eût fait remise de quelques milliards, moyennant une union contre l'Angleterre; la vassalité alors n'eût pas été moindre. Nous serions à l'heure qu'il est une Autriche-Hongrie avec quelque honte de plus et quelque liberté de moins. L'Allemagne a une force trop écrasante pour qu'une alliance avec elle diffère d'une dépendance, surtout si cette alliance était une grâce octroyée à un vaincu. (Je ne formule, bien entendu, une telle hypothèse qui pour amener la réflexion qui précède : se retourner contre un compagnon d'armes afin d'éviter une rançon, même démesurée, c'est un acte trop laid pour la France).

L'Europe devenait alors une espèce d'empire où l'Allemagne jouait un rôle analogue à celui de la Prusse en Allemagne, avec toutes sortes de degrés et de nuances dans l'asservissement et la liberté : peuples désarmés conservant leur pleine autonomie (France, Belgique), alliés libres et armés (Autriche-Hongrie, Bulgarie, Empire Ottoman), confédérés (Etats scandinaves, Finlande, provinces baltiques, d'après le projet Ostwald), protégés autonomes assujettis seulement à servir la politique des Empires centraux (Pologne, Lithuanie)...

C'est là une variété qui plaît au génie allemand.

.·.

Il faut s'entendre sur ce mot de génie allemand. Je ne crois pas à des idées, des théories, une philosophie, une production de l'esprit qui soient spécifiquement allemandes. Le germanisme, dans ce domaine, ne jouit d'aucun monopole ; il est rare même qu'il y ait fait preuve d'invention.

Des auteurs politiques allemands, comme von Bernhardi et von Bülow, veulent, par exemple, nous faire croire qu'en face des principes essentiellement français de 89 (1) formulés pour tous les peuples indistinctement, se dresse la doctrine, essentiellement allemande, de l'application aux peuples d'institutions aussi diverses que leurs évolutions historiques et leurs caractères sont eux-mêmes divers.

Mais qu'y a-t-il là de si allemand ? C'est la thèse contre-révolutionnaire de Joseph de Maistre, lequel a toujours eu des disciples chez nous, et aujourd'hui plus que jamais, avec tous les gens qui pensent comme l'*Action française* : M. Louis Bertrand, notamment, mène une véritable campagne pour nous blâmer d'exporter notre idéal politique qui ne convient qu'à nous (en admettant qu'il nous convienne), — chaque peuple devant avoir le sien propre, — et démontrer que nous étalons notre niaiserie en faisant état pour la

---

(1). Un écrivain les traite cependant d'essentiellement américains, afin évidemment de diminuer l'importance de la France ; sa brochure a d'ailleurs paru avant la rupture avec les États-Unis.

France des sympathies démocratiques à l'étranger (1).

On a peut-être autant écrit en France qu'en Allemagne pour le Devoir opposé au Droit, pour la monarchie opposée à la république, pour la religion opposée à l'incrédulité, pour la décentralisation opposée à la centralisation. Dans un concours de philosophie réactionnaire, l'élite française se classerait *ex Œquo* avec l'élite allemande.

∴

L'ordre de la pensée ne nous fournira donc pas une caractéristique du génie allemand.

Il faut s'adresser à l'ordre des faits. Là on trouve quelque chose de bien allemand et qui se distingue parmi toutes les choses humaines : c'est l'Allemagne elle-même.

Confédération, elle n'a sa pareille dans aucune autre confédération : la Suisse, les Etats-Unis, les républiques sud-américaines, l'Australie, l'Union Sud-africaine, la grande confédération qui s'ébauche entre les Dominions britanniques et leur métropole, sont des associations formées sans contrainte entre participants libres et égaux, et toutes démocratiques. Tandis que les

____

(1). Voir notamment : **De quelques poutres que nous avons dans l'œil.** Echo de Paris, 4 Janvier 1917.

peuples allemands forment une union hiérarchi-sée : en tête la Prusse, au-dessous d'elle des monarchies qui s'étagent suivant l'intégrité plus ou moins entamée de leurs droits souverains, au-dessous encore des Etats récemment annexés par la Prusse, et en bas de l'échelle, enfin, sujets de tous, Allemands de dernière classe, les Alsa-ciens-Lorrains.

Comme ciment de cet assemblage, la force : les deux tiers des Allemands sont des vaincus, et des vaincus de fraîche date : en 1866 la Prusse a honteusement battu le reste presque entier de l'Allemagne coalisé contre elle avec l'Autriche,elle a imposé son alliance aux Etats du Sud, annexé le Hanovre, la Hesse électorale, Francfort... En 1870-71 elle conduit ces vaincus à la victoire, fait de son roi leur empereur, s'assure leur obéissance apeurée en les rendant co-propriétai-res de l'Alsace-Lorraine, et les menaçant de la revanche française.

De cette formation toute récente, résulte un sentiment ardent et neuf qui fait, au sens littéral du mot, que l'Allemand situe l'Allemagne au-dessus de tout ; il n'a pas seulement pour elle une immense préférence, il la met vraiment à part dans la catégorie des collectivités humaines. Pour accepter que sa patrie : Bavière, Hanovre, Hesse, Bade, soit soumise à une sujétion, il faut qu'il ait en vue quelque chose de supérieur aux patries ordinaires des hommes, une *sur-patrie*, un monde dans le monde ; être Allemand, c'est comme être Martien, si les habitants de la planète Mars viennent un jour fonder une colonie sur terre. Rien ne ressemble à l'édifice germanique : lui seul, entre mille singularités, nous présente un Empereur presque constitutionnel et qui, en même temps, exerce une autorité de droit divin sur la majorité de ses sujets.

Or l'espèce de monstre politique ainsi réalisé a fait preuve d'une force et d'une vitalité extraordinaires. On ne doit donc pas s'étonner si l'Allemand, dans son esprit, le considère comme un cristal d'essence quasi divine autour duquel viendront s'agglomérer, sanctifiées par son contact, les sociétés. Admirant la complexité de cette formidable unité germanique, l'Allemand y verra le modèle de l'organisation de l'Europe.

Ainsi l'Allemand intellectuel abordait-il la Grande Guerre en apôtre qui allait construire une Europe nouvelle, pour toujours pacifiée, unie dans le travail sous la direction allemande, suivant le plan allemand.

∴

Le professeur Dr Wilhelm Ostwald nous a fort bien expliqué tout cela. En 1910, il venait, par son article le *Grand Pas*, nous donner un bon conseil (1) ; il vantait l'important rôle politique de la France, l'affranchissement, réalisé par elle, de l'école. « Et voici qu'à présent, écrivait-il, s'offre à la nation française, qui a toujours eu le sentiment vivant, enthousiaste, du *grand*, de l'*humain* en général, une possibilité qui est une nécessité, parce que personne, si ce n'est elle, ne peut la réaliser ». Cette possibilité, c'est la paix des peuples (2). Bref il nous conseillait de désarmer, pour notre bien, car la paix armée nous ruinait, et de désarmer seuls, pour l'exemple, car le désarmement simultané était impossible ; aucune promesse relative au désarmement de l'Allemagne qui supportait sans aucune gêne les charges militaires. (Comment mieux dire : — Que la France laisse les mains libres à l'Allemagne en Orient — ?) Si nous refusions, des menaces : « ou (la France) fera ce pas maintenant de plein gré et par là soulèvera dans les cœurs le vibrant enthousiasme que ne peut manquer de provoquer cette libre collaboration à la grande œuvre d'humanité, — ou plus tard, sous la contrainte d'une dure nécessité et après avoir subi des pertes que des siècles ne peuvent réparer » (3).

Malgré ses flagorneries à notre égard, tempé-

---

(1). **Le Grand Pas.** Grande Revue, 10 Mai 1910.
(2). **Loc cit,** pp. 1-6.
(3). **Ibid** p. 13.

rées d'ailleurs par quelque manque de tact, l'illustre chimiste ne nous rangeait pas moins en son for intérieur, nous, les autres « Latins », les Anglo-Saxons et les Slaves, parmi les peuples arriérés qu'une race supérieure devait initier un jour à une civilisation plus parfaite. L'humanité, selon lui, comme selon beaucoup d'Allemands, forme une hiérarchie à triple étage : en bas, ces sauvages et barbares qui ne sauraient entrer avant longtemps, peut-être jamais, dans le concert des nations, au-dessus d'eux les Blancs de deuxième catégorie que l'on vient de nommer, mais qui ne sont que des Nègres par rapport aux Allemands. Bien entendu, le professeur Dr Ostwald ne mêla pas l'expression de cette pensée à ses objurgations de désarmement, mais il l'amorçait. Le *Grand Pas*, disait-il, était le premier pas dans la réalisation de l'organisation internationale vers laquelle on évoluerait fatalement, mais qu'il convenait d'envisager afin de la préparer aux moindres frais (1).

La France devait donc ouvrir la porte à l'organisation. L'ayant ouverte, entrerait-elle la première ? Pas du tout : elle s'effacerait pour laisser passer devant elle, avec une révérence, l'Allemagne.

---

(1). Lot cit. p. 13.

Interviewé, en effet, à la fin de Novembre 1914, par le journal suédois le *Dagen*, l'éminent lauréat du prix Nobel tint ces propos : « l'Allemagne, grâce à sa faculté d'organisation, a atteint une étape de civilisation plus élevée que les autres peuples. La guerre un jour les fera participer sous la forme de cette organisation à une civilisation plus élevée. Parmi nos ennemis, les Russes en somme, en sont encore à la période de la horde, alors que les Français et les Anglais ont atteint le degré de développement que nous-mêmes avons quitté il y a plus de cinquante ans. Cette étape est celle de l'individualisme... »

« ...L'Allemagne veut organiser l'Europe, car l'Europe jusqu'ici n'a pas été organisée... L'Allemagne... exigera que les Allemands et les Français soient accueillis dans les deux pays respectifs ; qu'on leur permette de travailler et d'acquérir des biens exactement dans les mêmes conditions que les habitants du pays même... Vu notre immense force d'expansion, l'organisation de notre coopération et de nos échanges sera si forte, nous profiterons tellement de ce droit d'acquérir et de nos relations avec nos voisins que la guerre deviendra impossible à l'avenir. C'est sous cette forme-là que nous envisageons la conquête ».

Cette organisation est hiérarchique, ne serait-ce qu'en vertu du génie d'organisation inconnu ailleurs qu'en Allemagne et qui fait donc de l'Allemand l'organisateur, l'homme doué par la nature d'une autorité de dirigeant.

Ainsi l'entend le professeur Dr Ostwald lorsque, au cours de la même interview, il définit l'organisation : « Chez nous tout tend à tirer de chaque individu un maximum de rendement dans le sens qui est le plus favorable pour la société. C'est là pour nous la liberté sous sa forme la plus élevée, c'est-à-dire la liberté qui sauvegarde toutes les forces en les faisant concourir au même but ». Telle la liberté des chevaux desquels un cocher intelligent tire le rendement maximum en sauvegardant leurs forces.

Ou les mots n'ont pas de sens, ou une telle organisation repose sur l'idée de devoir : devoir des individus de se prêter à ce que l'organisation sociale tire d'eux le maximum de rendement. Même devoir pour les peuples : avant la guerre, devoir pour la France de désarmer la première, après la guerre, devoir pour les Français, supposés vaincus, pour les Belges aussi apparemment, de ne faire aucune différence entre le boutiquier allemand et le boutiquier compatriote, devoir pour les usiniers du Nord et de la Belgique de reprendre ces ingénieurs allemands qui, devenus officiers de réserve, ont présidé à la destruction ou au pillage des établissements industriels où ils avaient exercé en civils, devoir pour les habitants de Louvain, de Dinant, de Senlis, des centaines de villes, bourgs et villages martyrisés, d'être « très gentils » à l'égard des congénères de ceux qui ont importé chez eux la fusillade et l'incendie et exporté de chez eux beaucoup de meubles... Et si les peuples se refusent à accomplir ces devoirs, on ne peut imaginer que l'organisateur n'ait pas le devoir de les y contraindre.

Penser ainsi, de la part d'un Allemand, rien de plus normal, puisque les nations germaniques se sont laissé imposer par la force l'organisation prussienne. Aussi le professeur Dr Ostwald ne représente-t-il pas seulement un avis personnel, mais la manière de voir de la grande masse des intellectuels de son pays. Il est pacifiste, internationaliste, libre-penseur, démocrate, et ne s'en trouve pas moins pleinement d'accord avec les pangermanistes, des plus modérés aux plus extrêmes, sur la mission supérieure impartie à l'Allemagne, par son génie naturel, dit-il, par Dieu même, disent les autres.

L'intellectuel d'outre-Rhin considère toujours le peuple allemand comme un apôtre :

Allez et *enseignez* toutes les nations.

Cet apôtre est surtout un pédagogue ; aussi rien ne définit-il mieux l'Allemagne que la boutade d'un Anglais célèbre : *A country of damned professors*, un pays de sacrés professeurs.

De là dérive pour l'Allemagne une incapacité absolue à organiser l'Europe. Elle n'est pas le professeur d'Université dont on fréquente le cours s'il vous intéresse, qu'on déserte s'il vous ennuie, elle est le magister-pion de nos vieux collèges qui se faisait écouter à coup de gifles. Les peuples se croient majeurs, elle les traite en enfants dont la garde lui a été confiée afin qu'elle secoue leur paresse et dompte leur indiscipline ; les peuples résistent ; elle s'exaspère ; il n'y a plus à la fin que la férule qui fonctionne.

C'est le comble de la mauvaise organisation, comme on a pu s'en apercevoir par l'exemple des Polonais, des Schleswigeois et des Alsaciens-Lorrains. Croyez bien que le brave Allemand n'en revient pas : — Eh quoi ! voilà des gens qui sans moi ne balaieraient pas leurs rues, et ils refusent de m'aimer ! —

A la diète de Prusse, le 20 Décembre 1916, le député polonais Korfanty se plaignait de l'attitude du gouvernement prussien à l'égard des Posnaniens. Là-dessus M. von Loebell, ministre de l'intérieur, s'est écrié : « M. Korfanty n'a pas reconnu comment la province de Posen s'est développée sous le gouvernement prussien, ce dont les Polonais sont redevables aux rois de Prusse qui ont veillé sur eux. Ils devraient remercier Dieu à genoux d'avoir reçu un tel développement ».

La Posnanie, annexée en 1772, se montre beaucoup plus mécontente de ses maîtres et ses maîtres d'elle qu'il y a 145 ans, ce qui prouve l'inaptitude allemande à organiser les sentiments.

Même faillite partout.

L'Europe organisée par l'Allemagne témoignerait la même ingratitude que la Posnanie, le Schleswig et l'Alsace-Lorraine ; les Allemands, d'autre part, ne comprendraient toujours pas que si on se mêle de faire le bien des gens, on ne saurait conquérir leur reconnaissance en les privant d'un bien essentiel pour les fournir abondamment de ce dont ils se passeraient à la rigueur, en les gavant, par exemple, d'hygiène tout en accroissant dans leurs cœurs le sentiment de la servitude.

Ingratitude des organisés, indignation des organisateurs, les deux se multipliant l'une par l'autre, aurait-on ce rendement maximum dans le travail commun que nous promet le professeur Dr Ostwald ?

Un tel ordre serait fort instable. Passe encore pour un État de maintenir son autorité malgré la désaffection quand les mécontents sont relativement peu nombreux comme les Non Allemands de l'Allemagne, mais on résiste difficilement à une somme de mauvaise volonté aussi grande que celle que susciterait l'Allemagne par son hégémonie.

CHAPITRE XI.

La Paix boiteuse

La solution d'une société des nations gouvernée par l'Allemagne est aujourd'hui écartée. Mais la solution contraire, la solution du droit des peuples, n'est pas encore acquise. A moins de se poser en prophète, ce qui manque de sagesse, on ne peut, au moment où j'écris, affirmer que

(CENSURÉ)

Avant la guerre, il y avait deux groupements de trois puissances dans chacun desquels on en comptait une qui, diplomatiquement plus libre, était apte à jouer un rôle de modérateur : l'Angleterre dans l'Entente, l'Italie dans la Triplice. La Grande Guerre leur a fait prendre position : on ne saurait envisager que l'Angleterre se détache désormais de la France et de la Russie ;

(CENSURÉ)

Ce qui la retenait naguère dans la Triple Alliance, c'était la crainte de l'Autriche : rien ne la garantissait contre l'isolement si elle se séparait de cette ennemie, en se séparant du même coup de l'Allemagne, la France et la Russie n'ayant aucune envie d'ajouter aux causes possibles de guerre générale l'hostilité immédiate qui surgirait entre l'Autriche et l'Italie affranchies l'une de l'autre. Rien ne subsiste aujourd'hui de ces appréhensions, et comme, à cause de sa situation méditerranéenne, l'Italie ne saurait être en désaccord avec l'Angleterre, elle ne quittera pas un parti dans lequel la grande puissance navale se trouve engagée par les intérêts les plus vitaux.

L'Allemagne demeurant formidable, l'Angleterre ne renoncera pas aux institutions militaires qu'elle s'est données.

En outre, si la Belgique recouvre une pleine indépendance, elle se souviendra, — elle a trop de souvenirs pour oublier, — elle ne voudra pas que ses effroyables épreuves recommencent, elle se constituera une armée, un matériel, égaux à ses ressources qui sont grandes.

Donc renforcement important du parti antiallemand.

.˙.

Mais le parti allemand ne se renforce pas

moins. Comme l'a fait justement observer le professeur américain G. D. Herron, « ...l'Allemagne a conquis ses propres alliés, elle les a conquis définitivement ; ils sont non seulement conquis, mais ils sont absorbés en elle. Un seul bloc politique... va de Hambourg à Bagdad, et aucune évolution intérieure de désagrégation ne pourra désormais ébranler ce bloc... » (1).

La Bulgarie et l'Empire Ottoman réorganisés militairement par l'Allemagne, c'est près d'un million de troupes de première ligne et d'une qualité que rien ne dépasserait. On a vu combien l'armée austro-hongroise s'était métamorphosée après une année de guerre sous l'influence prussienne ; le progrès s'accentuerait encore.

Par l'autorité irrésistible qu'elle possède dans son groupe, l'Allemagne a le moyen d'en faire une machine de guerre unique, parfaitement articulée dans toutes ses parties, et capable de se mettre en mouvement d'un seul bloc au signal

---

(1). **Journal de Genève**, 9 Février 1917. — De ce que je souscris à cette observation, il ne suit pas que je trouve juste l'idée principale du Dr Herron : — l'Allemagne tendrait un piège au président Wilson en le forçant à être belligérant. Devenu tel, le président s'assoiera autour du tapis vert de la paix, en ennemi bienveillant, indulgent, en arbitre qui tiendra la balance égale, ne disloquera pas le bloc Hambourg-Bagdad ! — Pourtant M. Wilson ne ressent à coup sûr aucune tendresse pour l'Empire Ottoman, qui aura eu le premier prix, difficile à remporter ! en fait de massacre de civils : anéantissement des Arméniens et des Libanais.

donné. Le parti allemand est l'hydre à une seule tête et à plusieurs queues, tandis que l'hydre adverse, qui n'a peut-être pas qu'une seule queue, a certainement quelques têtes. Immense avantage pour les États germanisants et qui, joint à leur position centrale, contre-balance leurs infériorités

(CENSURÉ)

∴

Voilà donc l'Europe partagée en deux coalitions beaucoup plus puissantes et plus privées de traits d'union qu'auparavant. Aucun des griefs antérieurs à 1914 n'est supprimé ; la guerre, ayant interrompu le cours des prescriptions qui se seraient produites à la longue, a changé les vieilles blessures en plaies toutes fraîches : le rapt de l'Alsace-Lorraine devient une histoire d'hier. L'Alsace-Lorraine soumise au régime des suspects, à la Terreur prussienne, a senti plus que jamais l'amertume de sa sujétion. Pour des raisons semblables, toutes les revendications de nationalités s'aggravent. La question balkanique demeure trouble. Entre l'Angleterre et l'Allemagne, la méfiance s'accroît, puisque la prédominance britannique sur les mers n'a été en rien entamée et que, par l'Empire Ottoman, l'Allemagne menace l'Egypte et les Indes. Nulle réparation, ni morale ni matérielle. Des deux côtés, paix d'impuissance avec les pires sauvages qu'il y ait eu, car tous les crimes dont nous chargeons les Allemands, ils nous les retournent avec usure : ils se le doivent à eux-même sous peine de mourir de honte. Les peuples se réconcilieront-ils aux dépens des gouvernements ? Non, puisque les gouvernements qui présidèrent aux hostilités pâtirent souvent du reproche d'avoir mal conduit la guerre, jamais de l'avoir faite.

Paix la plus riche en germes de guerre.

CHAPITRE XII.

La Paix par le Droit des peuples

On n'approchera d'une organisation stable de l'Europe, condition d'une paix elle-même stable (ce n'est pas la seule !) que dans la mesure où on réalisera le programme du Droit des peuples : à chaque peuple la nationalité de son choix.

La première chose, en effet, à organiser, si l'on veut préparer les voies à une coopération des nations, ce sont les sentiments. Et on n'organise les sentiments nationaux qu'à la seule condition de ne pas les organiser du tout, de leur laisser suivre leur pente : l'expérience montre qu'il n'existe pas de matériaux assez solides pour les endiguer d'une manière durable ; la digue se rompt toujours tôt ou tard ; plus elle s'élevait haut, plus le désastre est grand.

∴

C'est une lourde plaisanterie de l'Allemagne

que de nous menacer de l'hégémonie britannique si nous refusons son amitié. A cause du voisinage terrestre immédiat, de la formidable puissance allemande, du genre de supériorité que s'accordent les Allemands, de leur manière de compre:.dre le tact, de leur zèle professoral, l'amitié germanique serait pour nous une tutelle humiliante.

Au rebours de l'entente franco-germanique, la franco-britannique ne nous amoindrit pas, car nous sommes militairement beaucoup plus forts relativement à l'Angleterre que relativement à l'Allemagne ; nous seuls pouvons prêter aux armées britanniques une tête de pont par où elles aient le temps, grâce à nos soldats, de déboucher sans que les masses teutonnes les rejettent à la mer ; nous seuls permettons à l'Angleterre, contre l'empire germanique, la défense continentale qu'elle a fini par reconnaître comme nécessaire pour la défense maritime. A s'aliéner notre concours, l'Angleterre risque plus que ne risquerait l'Allemagne si celle-ci avait en nous des doublures d'Autrichiens. Nous ne sommes pas subalternes avec la première, nous le serions avec la seconde.

Et de même les Russes ont beaucoup plus besoin de notre aide financière que n'auraient les Allemands.

Entre les trois plus puissantes nations de l'Entente, nulle ainsi ne prédomine, chacune étant, sur un point important, plus forte que ses partenaires, tandis que l'Allemagne est, parmi les Etats de sa suite, un colosse parmi des enfants, un colosse aussi bien militaire, que naval, que financier.

De sorte que le triomphe de l'Entente ne correspond en Europe à aucune hégémonie ; importante garantie pour l'organisation des sentiments, c'est-à-dire leur liberté, leur satisfaction.

∴

Non pas que cette satisfaction puisse être complète. Tout ce qui sera accordé au droit des peuples correspondra au mécontentement d'un impérialisme, mais le total des mécontentements diminuera.

Avec l'Alsace-Lorraine à l'Allemagne, mécontentement de la France et de l'Alsace-Lorraine, avec l'Alsace-Lorraine à la France, mécontentement de la seule Allemagne ; dans ce dernier cas, il y aura froissement d'orgueil, humiliation nationale, mais ce sentiment, si vif soit-il, a moins de raison de durer que celui qui provient d'une annexion faite contre le gré de l'annexé.

Quand une frontière sépare ce qui voudrait être uni, le mécontentement d'au delà de la frontière entretient et exalte celui d'en deçà. Les Alsaciens soumis aux « Schwobs » les détestèrent en leur qualité de maîtres, ce qui eût déjà suffi, mais de plus en leur qualité de maîtres inaptes à exercer une domination supportable. Les rancœurs de la France s'en augmentaient ; elles s'exprimaient et renforçaient celles d'outre-Vosges. Et, pour aggraver le tout, l'Allemagne prenait des mesures de compression à la prussienne, et s'indignait, rejetant la responsabilité et les torts sur ses voisins et ses nouveaux sujets. Pour accorder aux Alsaciens-Lorrains un régime dont ils fussent contents, elle leur imposait d'être d'abord contents du régime qu'ils avaient ; et ils nous disaient : — Tant que vous ne serez pas réconciliés avec nous, il nous sera impossible de mettre les Alsaciens-Lorrains en situation d'exercer un rôle conciliateur entre la France et l'Allemagne.

Tandis que si l'Alsace-Lorraine est réunie à la France, le mécontentement s'exercera d'un seul côté de la frontière, et, n'étant pas entretenu par une perpétuelle action et réaction, comme précédemment, finira par s'éteindre.

De même, la somme des mécontentements sera moindre si les Slaves autrichiens du sud sont réunis à la Serbie, les Transylvains aux Roumains, les Posnaniens aux Polonais, Trente et Trieste à l'Italie...

Alors la question des nationalités serait résolue dans son ensemble, puisque la nouvelle Russie démocratique sympathise avec les autonomies de ses diverses nationalités. Solution qui cependant ne pourra être qu'approximative, en raison de l'extrême enchevêtrement des nationalités dans certaines contrées: les pays balkaniques, la Transylvanie, le Banat de Témesvar notamment.

∴

La question serait résolue à condition que l'on n'eût pas introduit de nouvelles revendications, comme, par exemple, si la France annexait la rive gauche du Rhin contre le gré des Rhénans ou après leur avoir dit : — On vous consultera quand la situation politique le permettra. — Ce qui se traduit par : — Vous voterez, mais pas avant qu'on ne soit sûr que vous voterez pour votre annexion. —

Mais cela n'est chez nous que le rêve du parti de la raison d'État, non celui de la majorité ; espérons-le du moins.

∴

Sans compter l'Empire Ottoman, dont l'indépendance, l'intégrité ou la souveraineté sont devenues incompatibles avec la civilisation depuis les massacres de Syrie et d'Arménie, le pays qui pâtirait le plus de la solution conforme au droit des peuples serait l'Autriche-Hongrie.

C'est une entité collective dont l'existence n'a plus de but, sinon celui de flatter l'amour-propre des Autrichiens allemands et des Magyars.

« Si l'Autriche n'existait pas, il faudrait l'inventer ». Ecrivait le patriote tchèque Palatsyk en 1843. Il réclamait par là que l'Autriche demeurât une puissance indépendante de la confédération germanique, comptant sur elle pour défendre les Slaves contre l'absorption allemande. Mais aujourd'hui que l'Autriche est conquise par l'Allemagne, comme le dit M. Herron, elle n'a désormais à remplir que le rôle inverse, c'est-à-dire celui d'agent de germanisation des Slaves. Le nouvel empereur a bien lancé un projet de trialisme ; pure velléité : les Magyars s'y opposeront toujours ; ils ne veulent pas d'autonomie des nationalités chez eux, parce qu'alors eux-mêmes ne compteraient plus pour beaucoup en Hongrie. Ils sont maîtres de la situation : ils s'appuient sur l'Allemagne qui se sert d'eux pour mettre l'Autriche au pas quand besoin est.

L'Autriche-Hongrie n'a donc aucune raison d'être pour qui n'est ni autrichien ni magyar, c'est-à-dire pour la majorité de sa population.

Celle-ci ne recouvrera de raison de vivre politiquement que si elle est séparée des Autrichiens et des Magyars.

∴

On objecte à une pareille diminution de la double monarchie qu'elle revient à agrandir l'Allemagne de la moitié de l'Autriche-Hongrie, c'est-à-dire à faire des empires centraux un seul empire homogène et formidable.

Ensemble tout de même moins effrayant que le bloc de l'Europe central tel qu'il se constituerait après une paix bâtarde.

S'il convient de rogner beaucoup la masse germanisante, on ne devra pas souhaiter sa pulvérisation. Qu'elle soit affaiblie dans la mesure où les Alliés, s'assurant la sécurité, conserveront toutefois un motif pressant de persévérer dans leur entente après la guerre ; il faut qu'unis ils soient certains d'une victoire aisée, mais que la défection d'un seul suffise à faire courir aux autres des risques réels.

L'intérêt de la société des nations le veut ainsi.

Ni l'Allemagne, ni l'Autriche-Hongrie, ne participeront d'abord à cette société ; leurs impérialismes ulcérés les empêcheraient de se joindre de bon cœur à des ennemis qui, suivant leur version, ont été des agresseurs criminels. Il n'y a pas d'apparences non plus à ce qu'elles deviennent des démocraties, des êtres collectifs de même nature que les nations de l'Entente, aptes, par conséquent, à parler un même langage, à se faire comprendre et à comprendre. Rien n'annonce l'avènement de la démocratie en Allemagne : on ne peut guère escompter que le suffrage universel en Prusse, mais non le gouvernement par ministères responsables. Il ne faut pas oublier que l'Allemagne est le pays de l'organisation et que le pouvoir y compte parmi les choses les mieux organisées, ce qui enlève toute chance à une révolution ; le tzarisme n'est tombé en Russie que parce qu'il était essentiellement désorganisé.

Il n'y aura donc de société des nations qu'entre les pays de l'Entente et les Etats-Unis. Leur bonne intelligence sera certes favorisée par une communauté d'idéal et de nature, mais cela ne suffit pas ; d'autres liens sont nécessaires ; nuls n'ont la solidité de ceux d'un danger commun, lequel n'existera que si l'Austro-Allemagne conserve une force suffisante.

Dans le groupe ententiste s'achèveront ou naîtront des accords internationaux que, sans cela, on n'eût pas connus avant longtemps. Excellente éducation coopérative par laquelle les nations apprendront, sans rien abdiquer de leur juste orgueil, à rendre leur égoïsme compatible avec une vie sociale.

La paix, sauvegardée d'abord par la crainte, gagnera ainsi beaucoup de temps, et enfin, à force de durer, elle se fondera sur l'opinion unanime, sur les mœurs, et réunira les deux groupes jadis ennemis.

Une fois qu'elle sera entrée dans les mœurs, pas avant, il y aura lieu de compter sur des institutions destinées à l'assurer, comme tribunaux mondiaux d'arbitrage... Ce n'est pas que les institutions ne puissent influencer les mœurs : elles ont une action, en effet, mais il faut que mœurs et institutions se suivent de très près ; une loi trop étrangère aux mœurs demeure lettre morte.

Je vois là une possibilité du règne de la paix, la seule à vrai dire ; mais, — il faut insister là-dessus, — ce n'est qu'une possibilité.

Elle suffit cependant pour que l'Entente ait été, non pas seulement par la vertu du lyrisme officiel, mais en réalité, le champion de la Paix par le Droit, et, dans l'Entente, la France surtout, qui, résistant la première, et presque seule, à la ruée la plus terrible de l'histoire, donna le temps à ses alliés de venir à la rescousse. Nos soldats ont vraiment combattu, non seulement pour leur patrie, mais pour la cause humaine.

Mon pays s'est acquis par là une gloire plus grande encore que toute celle de son magnifique passé.

Qu'elle n'éclipse pas cependant celle du peuple belge sans l'héroïque martyre duquel la bataille de la Marne n'eût pas été, sans doute, une victoire.

CHAPITRE XIII.

La Guerre et le Progrès

Si l'on confronte l'idée de guerre et l'idée de progrès dans tout ce qui précède, on ne fera que généraliser la conclusion du chapitre *la Sélection et la Guerre* : il n'y a aucun parallèlisme ou antagonisme entre la guerre et le progrès ; comme notions, ce sont deux notions étrangères l'une à l'autre.

La guerre peut aussi bien favoriser le progrès que lui nuire, que lui être indifférente.

On l'a déjà vu pour plusieurs cas.

∴

La guerre est très souvent entreprise par les gouvernements d'autorité pour enrayer le progrès démocratique. Ils réussissent quand ils sont vainqueurs.

La victoire allemande de 1870-1871 a complètement étouffé le libéralisme germanique, ou du moins les libéraux sont devenus ce parti libéral-national dont il n'est pas facile de savoir en quoi il mérite la première partie de son nom.

Jadis, après avoir d'abord accéléré chez nous la Révolution, les guerres de la Révolution amenèrent l'Empire, une monarchie absolue.

Ce double effet, démocratique, antidémocratique, s'observe dans la Grande Guerre.

En Allemagne, au début, éclipse complète de la démocratie ; Liebknecht lui-même se tait, le socialisme en entier est impérialiste ou soumis ; tout le monde, persuadé de la victoire écrasante et immédiate de l'Allemagne, se résigne à en récolter la gloire et les profits, acceptation tacite de l'accroissement d'autorité du Kaiser. Mais bientôt Liebknecht parle, et peu à peu sa révolte héroïque trouve des imitateurs. Bethmann-Holweg devient de plus en plus prodigue en promesses libérales. Impossible de continuer à nourrir le peuple d'un idéal de progrès en lui disant qu'il combat le tzarisme, puisque le tzarisme a disparu. Des grondements démocratiques se font entendre. Il faudra les apaiser par des réformes que le pouvoir, en vertu de sa force et de son organisation, rendra plus apparentes que réelles. Mais, en définitive, après avoir poussé les Allemands à droite, la guerre les pousse maintenant à gauche.

Inutile d'insister sur la révolution russe ; il

n'échappe à personne qu'elle est un effet direct de la guerre, et, ajoutons-le, de la durée de la guerre. Conclue en 1916, la paix l'eût ajournée, peut-être indéfiniment.

Ainsi la prolongation du fléau est un agent de démocratisation. La gêne alimentaire s'accentue; d'autant fermente l'esprit de rébellion contre l'autorité.

Chose étrange ! la France qui, par son rôle dans cette guerre, est essentiellement l'apôtre de la démocratie, subit un effet inverse : elle devient le siège d'une réaction dans le sens du parti, dit à tort nationaliste, en réalité parti de la raison d'Etat.

Mais cet esprit réactionnaire, s'il a gagné chez nous dans l'élite, en reste à l'élite. Entre elle et le peuple, il y aura une séparation encore plus accentuée qu'auparavant. Notre politique générale n'en changera guère. Tout au plus la France deviendrait-elle pareille à Athènes dont aucun écrivain ne fut jamais sympathique aux démagogues, ce qui n'empêcha pas les démagogues de gouverner ; on peut se représenter ceux-ci comme notre gauche actuelle à partir des radicaux inclusivement. J'estime d'ailleurs que cette séparation est très regrettable.

Il s'avère donc que la guerre produit des résultats aussi bien favorables que défavorables pour le progrès démocratique. En raison de leur connexité avec ce dernier, il en est de même des progrès de la raison, de la science, de l'intelligence, de la religion humaine.

On peut donc conclure : il en est de même du Progrès.

∴

La guerre étant un accident, que j'ai comparé aux catastrophes de chemin de fer, il y a lieu d'envisager un progrès dans l'art de prévenir cet accident, comme il y a un progrès dans la technique des dispositifs destinés à raréfier les tamponnements et déraillements.

Mais le problème ne se pose pas ici de la même manière.

Dire qu'un accident a pour but un autre accident n'aurait pas de sens.

Tandis que la guerre a pour but principal la guerre, et c'est ce qui fait son absurdité.

Les revendications des belligérants consistent, la plupart du temps, à s'assurer de bonnes conditions, non pas pour la prochaine paix, mais pour la prochaine guerre.

Quand M. de Bethmann-Hollweg réclame la liberté des mers en faveur des grandes comme des petites nations, ce bienfaiteur de l'humanité sait qu'une fois la paix conclue, les navires battant un pavillon quelconque iront où ils voudront ; ce n'est pas là son souci, mais il veut qu'à la prochaine guerre le blocus de l'Allemagne devienne impossible.

En temps de paix, l'Adriatique est aussi ouverte à l'Italie qu'à l'Autriche. Pourquoi donc l'Italie désire-t-elle les côtes de la Dalmatie ?

: elle n'a pas de points d'appui pour sa flotte dans l'Adriatique, l'Autriche en a beaucoup et pourrait donc, avec une marine suffisante, lui interdire cette mer.

(CENSURÉ)

Ainsi des conditions économiques.

Un pays peut s'interdire d'acheter au pays voisin ; il ne s'interdit jamais de lui vendre. A quoi bon, par conséquent, s'emparer des mines de l'étranger si on doit rester en paix avec lui ? il vous vendra son minerai meilleur marché, autant que possible, que ne vous revient le vôtre, ou si ce n'est pas son minerai, ce sera son fer. Mais rien de plus important que ces mines en temps de guerre : à leur défaut, on risque d'exorbitantes dépenses ou la défaite.

La guerre empêche l'exploitation rationnelle de la planète par l'humanité.

Cette exploitation évidemment ne se réalisera que le jour où la liberté commerciale absolue deviendra d'usage général. On ne comprend guère, en effet, que des collectivités humaines s'astreignent à payer trente francs le blé qu'on leur offre à quinze ; même absurdité pour une foule de produits et leur transport. Une telle pratique, où il y a déjà beaucoup à critiquer lorsque l'économie d'un pays est seule en cause, devient tout à fait incompréhensible s'il s'agit de la gestion de la terre prise dans son ensemble. Incompréhensible en temps de paix, à coup sûr, mais s'il y a la guerre ! Les pays belligérants apprennent aujourd'hui, et à leurs dépens, quel immense intérêt ils auraient à ne dépendre de l'étranger en rien d'essentiel. Justification, par la guerre, du protectionnisme.

De sorte que l'organisation mondiale du temps de paix est en grande partie une organisation de guerre.

∴

Il y a ainsi un cercle vicieux. On fait la guerre pour avoir des sécurités en cas de guerre, donc ces sécurités sont une cause de guerre ; vous prenez des précautions en cas d'accident et ces précautions sont une cause d'accident. Comment se tirer de là ?

Par des mesures économiques ? Beaucoup d'é-

conomistes préconisent le libre-échange : — supprimez, dans le monde, toute entrave à la production, à l'échange et au transport des produits,
et alors il n'y aura plus de guerre, car les causes
de guerre n'existeront plus. —

— Pas du tout, leur répondra-t-on : supprimez d'abord la guerre, et alors vous aurez supprimé le seul danger vital qu'il y ait à pratiquer
le libre échangisme. — Danger vital, en effet, car
si la France avait suivi la même politique économique que la Grande-Bretagne, elle aurait fini
par ne guère produire de blé, désastre pour elle
pendant la Grande Guerre.

C'est du côté de cette réplique qu'est la raison : il n'est pas vrai que toutes les causes de
guerre soient économiques, donc, une fois les causes économiques écartées, il en subsiste d'autres :
toutes celles qui impliquent le sentiment national. Croit-on que si le traité de Francfort avait
institué le libre échange entre la France et l'Allemagne, l'annexion de l'Alsace-Lorraine en eût été
oubliée ? Il faut aller plus loin, et reconnaître
qu'il n'y a pas de question économique dont le
tréfond ne soit d'ordre affectif. Si la guerre
n'était qu'une affaire de commerçant sérieux,
exempt de nervosité, on ne la ferait jamais : à
une époque comme la nôtre, engager des hostilités contre une nation importante, c'est risquer sa
propre ruine ou la ruine d'un gros client, spécu-

lation déplorable que des raisons passionnelles peuvent seules expliquer (1).

On ne progressera donc dans la technique préventive de cet effroyable accident qu'est la guerre que si l'on organise d'abord les sentiments nationaux.

Pour cela, il faudra satisfaire les sentiments les plus forts et les plus durables qui sont ceux des peuples privés de la nationalité de leur choix, et en même temps dresser une solide défensive contre les impérialismes frustrés dans ce droit d'oppression qu'on appelle droit de souveraineté, contre un mécontentement à coup sûr terrible : rien n'est plus cher au cœur de l'homme que les privilèges du dominateur ; quand on l'en prive, il en souffre. Mais ce mécontentement de l'impérialisme humilié est tout de même moins fort que celui qui naît de l'état de sujétion d'un peuple, car il ne se nourrit que de lui-même, tandis que là où dominateurs et dominés restent en contact, l'orgueil des uns, qui entretient et exaspère la révolte au moins intime des autres, est à son tour entretenu et exaspéré par elle.

Si donc on parvenait à empêcher le mécontentement le moins durable de se traduire en hostili-

---

(1). Il faudrait un volume entier pour établir cette thèse. On la trouvera développée, beaucoup mieux que je ne saurai le faire, dans les œuvres du regretté Gabriel Tarde

tés violentes, il finirait un jour par s'éteindre ; à ce moment-là les sentiments nationaux se trouveraient organisés. Des difficultés entraveraient bien encore la coopération des nations, mais secondaires; leur solution ne recontrerait pas, dans l'esprit des hommes, de *veto* absolu, puisque les mœurs, devenues avec le temps des mœurs de paix, donneraient de l'autorité aux institutions par lesquelles on pourrait débattre sans se battre.

Un tel résultat n'est possible que par ce que j'ai appelé la paix du droit des peuples.

L'obtiendrons-nous ? on n'en sait rien encore.

Jugée du point de vue du progrès dans les mesures préventives contre les guerres futures, la guerre actuelle a contenu ou contient toutes les possibilités, depuis une nouvelle guerre, encore plus acharnée et plus mondiale qu'elle-même, jusqu'à la paix la plus stable.

Là encore la notion de guerre et celle de progrès apparaissent indépendantes l'une de l'autre.

∴

Mais cette guerre-ci est d'un caractère unique. Aucune n'a présenté, parmi les chances multiples de son issue, celle d'être une guerre exterminatrice de la guerre.

Que cette chance soit infime ou non, il aura été

beau pour les pays de l'Entente de jouer sur elle leur sang et leur or.

La guerre dure. Le temps, qui amasse les souffrances, fait grandir par elles la chance libératrice. Révolution russe : les nationalités de l'ex-empire des tzars seront libérées, la Russie n'embarrassera plus notre cause de convoitises impérialistes ni de menées germanophiles. Intervention des Etats-Unis : tout ce qu'il y a au monde de grandes nations démocratiques est réuni contre nos ennemis, fait significatif qui ne laissera pas de les impressionner eux-mêmes.

Et les armées des Alliés sont loin de faiblir. Nos soldats demeurent héroïques.

Attendons !

Paris, Avril 1917.

APPENDICE A.

C'était à l'époque où la curiosité du public instruit s'était éveillée pour les choses d'Extrême-Orient, grâce à des récits de voyageurs assez nombreux déjà, et surtout à la publication des missionnaires jésuites : les *Lettres Edifiantes et curieuses*. On admirait la Chine, on ajoutait foi aux annales chinoises qui rattachaient tout ce qu'il y avait de philosophie, de science, de morale, de sages institutions, à Fo-Hi, le premier des souverains mythiques du Céleste-Empire. Pour les Jésuites, ce personnage fabuleux n'était autre que Noé, et ils attribuaient sa sagesse et son omniscience à ce qu'il conservait le trésor de la révélation divine ; mais après son règne, ajoutaient-ils, la décadence n'avait pas tardé à se produire par l'introduction, puis le développement du paganisme ; grave leçon prouvant que l'obscurcissement de la foi était en même temps celui de la raison.

Voltaire, lui aussi, s'enticha de la Chine qu'il trouvait, au point de vue moral et politique, plus avancée que la France ; il la louait d'être exempte des superstitions qu'il reprochait avec sarcasmes au judaïsme et au christianisme. Plus on pouvait enfoncer les origines de la civilisation chinoise dans la nuit des temps, plus il était satisfait : quel bon tour joué à la chronologie biblique (qu'on prenait alors au pied de la lettre) si on montrait une humanité florissante à l'époque où le monde, suivant le Pentateuque, n'existait pas encore ! Et Voltaire envisageait volontiers comme un âge de « philosophie », de science, de raison, les règnes de Fo-Hi et de ses premiers successeurs : — Pas de paganisme alors, disaient les Jésuites. — Pas de bonzes, pas de moines, pas de Jésuites, répliquait Voltaire, pas de ces gens qui font métier d'abêtissement ; les esprits en étaient plus ouverts aux arts et à la connaissance des vérités. —

Entre 1776 et 1778, Jean Sylvain Bailly correspondait avec Voltaire pour lui démontrer qu'il y avait une civilisation d'une antiquité infinie par rapport aux civilisations chinoise, hindoue, perse, chaldéenne, égyptienne, déjà si prodigieusement antiques. (1) Bailly, un lettré, un savant, un érudit, était l'auteur d'une *Histoire de l'Astronomie*. Ses études, comme il l'exposait, l'avaient amené à considérer avec attention l'état de l'astronomie « à la Chine », dans l'Inde, dans la Chaldée, et à conclure que « nous y trouvons plutôt les débris que les éléments d'une science... », que « les peuples de l'Asie, héritiers d'un peuple antérieur, qui avait des sciences ou du moins une astronomie perfectionnée, ont été dépositaires et non pas inventeurs ». (2) Ce peuple antérieur, il le faisait venir de l'Atlantide de Platon, d'îles qu'il situait, non pas à l'ouest de l'Espagne, mais dans les régions arctiques : Spitzberg, Groënland, Nouvelle Zemble, (3) contrées

----

(1). Lettres sur l'origine des sciences et sur celles des peuples de l'Asie, Paris. Debure, 1777. — Lettres sur l'Atlantide de Platon et sur l'ancienne histoire de l'Asie. Paris, les frères Debure, 1779.

(2) Lettres sur l'origine des sciences... pp. 18 et 19.

(3). Lettres sur l'Atlantide... pp. 436 et sqq.

habitables en un temps où la terre ne connaissait pas encore les glaces dont se coiffèrent ses pôles par l'effet de la vieillesse. Peu importe la date : elle ne rajeunit pas l'humanité.

Pour Bailly donc, comme pour Voltaire, pour les Encyclopédistes en général, pour Rousseau, le Progrès était un retour en arrière ; plus exactement, le Progrès ne devait commencer qu'à partir de l'instant où ce retour serait effectué. Les pères de la Révolution française étaient pour la plupart déistes ; ils pensaient que l'homme était plus proche de la Raison aux jours où son âme venait de lui être insufflée par la Force Créatrice, confondue elle-même avec la Raison parfaite. C'était ce que professaient aussi ces Jésuites qui assimilaient Fo-Hi à Noé.

APPENDICE B.

Tout animal, d'après le dicton connu, naît d'un œuf qui contient la somme des hérédités de l'espèce ; c'est là qu'il faut chercher les forces directrices qui obligent l'animal à prendre telle forme et non telle autre. Les différences entre les compositions chimiques et les structures des germes fécondés des divers animaux sont la cause unique des différences de squelette, d'organes, qui séparent les espèces. Mais l'œuf descend lui-même d'un autre œuf, celui-ci d'un autre, et ainsi de suite en remontant dans le passé, de sorte qu'il y a des lignées ininterrompues d'œufs qui relient les êtres vivants actuels aux cellules primordiales. L'évolution de ces germes a été celle même des espèces, puisque toute variation de l'espèce est inscrite nécessairement et totalement dans celle du germe. On peut dire que le premier germe, ancêtre de tous les autres, possédait toutes les possibilités de variations de toutes les espèces ; c'étaient toutes ses possibilités de variation à lui, celles de sa substance, de son protoplasma.

Le protoplasma est une matière d'une complexité inouïe ; rien qu'au point de vue chimique, il peut, sans changer de composition, présenter un nombre immense de propriétés différentes.

Celui du germe le plus ancien, des cellules mères de tous les êtres vivants à venir, devait être le protoplasma de type général, quelconque, amorphe, indécis, susceptible de prendre n'importe laquelle parmi les structures intimes auxquelles se prêtaient les arrangements divers de ses atomes et de ses molécules, mais ne s'étant orienté vers aucune. Telles, avant l'homme, les carrières où dormaient toutes les formes des villes que l'on pourrait bâtir un jour avec leurs matériaux. On démontre facilement que, malgré la variété pratiquement infinie des édifices moléculaires possibles, des variations consécutives relativement peu nombreuses devaient assujettir le protoplasma à être l'un deux. Dès lors, parvenu à un état stable et défini, n'ayant plus le choix entre plusieurs états stables et définis, il perdait le pouvoir d'évoluer ; même incapacité pour l'espèce animale dont il était devenu l'œuf. Cet arrêt d'évolution représentant le sort réservé à chaque lignée de germes, l'évolution biologique totale se trouvait vouée elle aussi à une fin ; le progrès n'était pas indéfini.

Je représente par 2^{1000} le nombre des structures intimes, des édifices moléculaires nettement déterminés et possibles du protoplasma (c'est 2 multiplié mille fois par lui-même) ; ce nombre est arbitraire, mais de l'ordre de grandeur de celui des combinaisons réalisables par l'arrangement des atomes des substances dites à haute atomicité, telles que, précisément, le protoplasma ; chaque combinaison répond à un ensemble distinct de propriétés.

Il faut d'abord se représenter combien ce nombre de 2^{1000} est formidable : il a 302 chiffres. Les millions ont 7 chiffres, les milliards 10, les trillions 13.

Imaginez un globe gros comme la terre et dont le volume soit entièrement rempli d'une poussière impalpable, telle qu'il faille mille de ses grains alignés bout à bout pour couvrir une longueur d'un millimètre, le nombre total des grains de poussière contenu dans le globe aura 41 chiffres. Il n'y aura encore que 82 chiffres dans le nombre de grains de poussière que contiendraient des globes pareils au premier, globes eux-mêmes aussi nombreux que les grains de poussière de l'un d'entre eux. Cette opération imaginative par laquel'e on a enflé un nombre de 41 chiffres en nombre de 82 chiffres, il faudra la renouveler six fois encore pour arriver à un nombre de 287 chiffres, lequel devra être enfin multiplié par quelques dizaines de trillions pour égaler notre 2^{1000}.

Il s'agit maintenant de montrer comment une série relativement restreinte de variations, mille, par exemple, amèneraient le protoplasma primitif à devenir l'un des 2^{1000} protoplasmas définis, malgré leur nombre ultra vertigineux. C'est facile, et voici comment : une première variation différencie un peu le protoplasma primitif, de telle sorte qu'elle ne lui permette plus d'évoluer que vers la moitié des 2^{1000} structures possibles, qu'elle lui enlève la moitié du total des 2^{1000} possibilités ; nouvelle variation, nouvelle différentiation, supprimant encore la moitié des possibilités qui subsistent ; troisième variation éliminant aussi une moitié des possibilités restantes, et ainsi de suite, le nombre des possibilités diminuant toujours de moitié à chaque étape. A la millième étape, il ne restera plus aucune possibilité ; le protoplasma n'aura plus le choix entre une structure définie et une autre ; en effet, 2^{1000} étant égal à 2 multiplié 1.000 fois par lui-même, si on le divise 1.000 fois par 2, comme on l'a fait, on aboutit à l'unité, à une seule des structures possibles.

C'est la fin de l'évolution.

APPENDICE C.

Guerre et Sélection dans la Nature

Ce ne sont pas les idées de Cope, ni celles de Lamarck, dont il était le premier continuateur, qui se sont popularisées. La masse des écrivains et du public demeurent darwiniens, non comme Darwin lui-même, savant d'une conscience irréprochable qui fut le premier à signaler les insuffisances de ses hypothèses, mais comme les vulgarisateurs de Darwin pour qui ces insuffisances devinrent, au contraire, le meilleur du système.

On sait quelle est la différence entre ce darwinisme, que j'appellerai populaire, et le lamarckisme. Celui-ci explique les transformations des espèces par l'action directe du milieu. Les variations climatériques et géologiques *font*, dit-il, *varier* les êtres vivants. Tandis que le darwinisme populaire invoque la *concurrence vitale* ou *lutte pour la vie* d'où résulte une *sélection naturelle* et la *survivance du plus apte*.

Comme il suffisait de beaucoup de simplisme et de peu d'imagination pour traduire ces formules célèbres en sociologie aristocratique et militaire, on ne s'en fit pas faute, surtout chez les pangermanistes. On prétendait, comme M. Paul Bourget, que, d'après l'unité de plan de la nature, l'univers physique et l'univers moral sont construits sur les mêmes types (voir plus haut p. 30), qu'il y a un parallélisme rigoureux entre toutes les lois de la vie, soit qu'elles s'appliquent à des organismes sociaux, soit qu'elles régissent des organismes physiologiques. Or, la nature a procédé par un choix assidu et plusieurs centaines de fois millénaire quand elle a formé les espèces animales, qui représentent ainsi une vieille aristocratie, recrutée comment ? par la victoire des êtres bien armés sur les faibles. Donc les sociétés constituées normalement doivent être à base aristocratique et s'éprouver souvent les unes les autres par la guerre.

La moindre réflexion suffit cependant pour dénoncer l'absurdité de cette construction pseudo-scientifique.

Et d'abord, de quelle aptitude s'agit-il lorsqu'on parle de survivance du plus apte ? De l'aptitude à vivre, évidemment. Le résultat de la sélection naturelle produite par la lutte pour la vie serait bien la formation d'une aristocratie organique, puisque, s'il y a des *plus* aptes, c'est évidemment qu'il y avait aussi des *moins* aptes, en très grande majorité, comme dans tous les concours. Les premiers subsistent seuls actuellement. Nous n'avons donc qu'à jeter les yeux autour de nous pour découvrir ces nobles de la botanique et de la zoologie: ce sont les plantes et les animaux qui peuplent aujourd'hui la terre. Parmi eux figure l'homme, à la vérité, mais aussi le hareng, le moineau, la mouche, la limace, toutes espèces prospères qui donnent par conséquent des preuves égales de leur aptitude à vivre, qui couronnent toutes une série également longue d'efforts sélectifs de la nature.

S'il fallait, parmi cette noblesse, instituer une hiérarchie, on devrait donner le premier rang à la plus ancienne. Les espèces, par exemple, qui existaient, telles que nous les voyons encore, au début de l'ère géologique du trias, résistèrent, sans faiblir, à d'innombrables changements qui se produisirent sur la surface terrestre, innombrables siècles de périls ignorés par la faune du tertiaire : pachydermes, carnassiers, rongeurs, ruminants, primates. Les très vieilles espèces ont remporté infiniment plus de victoires que les récentes. C'est en elles que la vie a trouvé les forteresses les plus résistantes aux assauts de la mort. Qui sont donc ces rejetons de la suprême aristocratie biologique ? En voici quelques-uns, par ordre ascendant de mérite : le crocodile, l'iguane, la libellule, l'huître.

Le principe de la *survivance du plus* apte n'a donc aucune application sociale, puisqu'il conduit, non seulement à égaler l'homme à la limace, mais encore à mettre l'huître bien au-dessus de l'homme, celui-ci n'étant qu'un parvenu de fraîche date.

Ce n'est pas *survivance du plus apte* qu'il aurait fallu dire, mais *élimination de l'inapte* : le bon sens l'indiquerait à lui tout seul, car si une espèce animale ne meurt pas, c'est tout ce qui lui faut, du moins pour survivre ; elle n'a donc besoin que d'être *assez apte* à survivre, et du moment qu'elle l'est, elle subsistera, quand bien même elle serait *la moins apte* à survivre parmi toutes celles qui n'ont pas disparu. Conservation des êtres vivants qui sont assez aptes, suppression des autres, c'est bien l'élimination des inaptes.

Survivance du plus apte, cela supposerait d'ailleurs que l'on pût comparer les aptitudes des espèces à prospérer, qu'il existât un procédé de résistance vitale dont la supériorité fût prouvée. Il n'y en a pas. Chaque fois que nous en voyons un réussir à certaines espèces, nous constatons que d'autres espèces se trouvent à merveille d'employer le procédé contraire. On s'en assure en considérant les résultats de ces procédés groupés par couples antinomiques:

Transformation ou *conservation* des formes les plus anciennes : maints animaux sont le résultat d'incessantes métamorphoses qui firent évoluer l'être vivant depuis la cellule primitive jusqu'aux mammifères ; cela n'empêche que la cellule primitive pullule encore, telles les radiolaires dont les coquilles accumulées ont formé des bancs entiers de sédiments parmi les couches géologiques anciennes.

Simplicité ou *complexité*. Les microbes et les infusoires ne pâtissent nullement d'avoir entretenu la machine vivante dans sa forme la plus élémentaire. Le parti que la nature a pris à leur égard se justifie par cette considération que moins un mécanisme a de rouages, moins il est sujet aux dérangements. Mais le parti contraire, qui consiste à prévoir tous les dérangements susceptibles de détériorer une machine et à la compliquer d'organes destinés à pallier ou éviter les avaries, ce parti n'est pas moins bon, puisque c'est celui qui a présidé à la confection des insectes, poissons, reptiles, oiseaux, mammifères.

Inutilité ou *nécessité de la survie de l'individu* pour la survie de l'espèce : les insectes pondent et meurent : il faut que les oiseaux survivent assez longtemps pour couver leurs œufs et nourrir leurs petits ; la prospérité de certaines espèces mammifères exige que les femelles mettent bas plusieurs fois, donc ne meurent pas trop tôt.

Indifférence ou *sollicitude* pour l'avenir de la race : la plupart des poissons lâchent leurs œufs comme une sécrétion et ne savent même plus ce qu'ils en ont fait, mais comme chaque femelle de certaines espèces en émet des centaines de mille, la probabilité veut que quelques alevins échappent à la destruction (n'y en eût-il qu'une dizaine par ponte individuelle, la multiplication serait effrayante) ; tandis qu'il n'y a pas de père, chez les animaux, qui vaille le petit poisson appelé épinoche ; Je dis *père*, car c'est bien l'épinoche mâle qui prodigue à ses petits les soins généralement considérés comme maternels : il bâtit leur nid, y pousse une femelle pleine d'œufs, l'expulse quand elle a pondu, nourrit et défend sa progéniture ; cette méthode réussit à la gent épinoche, mais la méthode de l'abandon ne nuit pas aux morues et aux harengs que les efforts entêtés de l'homme n'arrivent pas à décimer.

La notion d'*avantage*, qu'une catégorie animale aurait sur d'autres, n'a guère de sens précis. Pensez, par exemple, à l'avantage que semble assurer aux oiseaux la température interne la plus élevée que connaisse la faune. Ils en profitent, croira-t-on, pour résister au refroidissement mieux que les autres animaux. Que répondront les gens qui ont une telle idée si on leur objecte que, bien au contraire, les oiseaux sont, de tous les vertébrés, les plus sujets à souffrir du refroidissement ? En fait ils s'y dérobent en grand nombre : les oiseaux qui s'abattent en été sur les côtes les plus rapprochées du pôle nord, émigrent très loin en hiver, laissant sur place les bœufs musqués, ours blancs, rennes, lièvres polaires, dont pourtant le sang est moins chaud. Les hirondelles trouvent notre hiver, relativement si modéré, encore trop rude pour elles. Les colibris meurent chez nous ; il nous faut élever les perroquets dans les appartements pendant la saison froide. De sorte que, malgré leur haute température, beaucoup d'oiseaux ne résistent pas mieux aux intempéries que les animaux à sang-froid ; ils n'ont là aucun privilège. Et n'est-ce pas plutôt un avantage que de passer l'hiver en dormant et avec une chaleur vitale diminuée, comme les ours et les marmottes ? Ou encore, comme les moustiques, de ne vivre qu'en été, après avoir passé l'hiver à l'état végétatif, et sans aucun chauffage interne, dans des enveloppes imperméables ?

Nous nous laissons égarer souvent par un symbolisme purement humain dans l'appréciation des avantages. C'est ainsi que nous pensons tous qu'il vaut mieux être mangeur que mangé, loup que mouton. Mais imaginons une région où il n'y ait comme carnassiers que des tigres et comme proie que des cerfs ; chaque tigre n'assouvira pas sa faim avec un seul cerf annuellement ; il lui en faudra bien dix ; et mettons que le cerf ait deux portées par an, le tigre seulement une. En moyenne, il y aura donc toujours cinq fois autant de cerfs que de tigres, sous peine de disparition des tigres par la famine. Une observation analogue s'appliquerait à tous les autres carnassiers, d'où il suit qu'ils n'existeront pas ou que leurs victimes auront sur eux, et de beaucoup, l'avantage du nombre, lequel, au point de vue de l'espèce, est certes un avantage, et le moins discutable.

Cela ne veut pas dire que la supériorité du tigre comme force, agilité, armement, intelligence peut-être, ne soit pas, elle aussi, un avantage.

Cela veut dire que la considération de l'avantage, de la plus ou moins grande aptitude à vivre, est illusoire quand il s'agit de l'évolution des espèces.

Elle n'a un sens que si l'on traite cette évolution comme une histoire, comme une série aussi complexe d'évènements que celle qui, partant d'une famille de l'âge de pierre, aboutit à vous ou à moi.

L'aptitude à vivre, l'avantage, apparaissent alors comme une histoire heureuse, comme une chance soutenue.

Pour peu qu'une espèce animale actuellement disparue ait existé, c'est qu'elle était apte à vivre. Il me paraît bien difficile, en présence des innombrables conditions de vie qui satisfont au maintien d'innombrables formes d'organismes, que d'autres circonstances possibles n'eussent pas prolongé l'histoire de cette espèce.

D'après Cope, M. Depréret, (1) et plusieurs paléontologistes, la seule évolution des animaux, en dehors des variations relativement brusques, est l'augmentation de taille ; ils grandissent, grandissent encore, jusqu'au moment où l'entretien de leur corps énorme devient par trop difficile, alors la lignée s'éteint ; cet excès de prospérité est lui-même une malchance, car si l'histoire de ces bêtes se fût déroulée avec accompagnement d'un régime moins plantureux, elles seraient encore, maintenant que les tables de la nature paraissent moins copieusement servies.

Un exemple typique de malchance est le cas du kangourou australien. Le kangourou pullulait quand

---

(1). Charles Depéret. — **Les Transformations du monde animal.** Paris, Flammarion, 1907. pp. 199-210.

survint le lapin, qui pullule plus encore, et lui fait une concurrence mortelle. Le lapin est plus apte, dira-t-on. J'en conviens, mais l'aptitude du lapin a été ici de se faire transporter par l'homme. Sans elle, il n'eût jamais fait la traversée du Pacifique. Il ne sera pas déraisonnable de mettre la disparition du kangourou sur le compte du hasard, si toutefois elle vient à se produire.

Il a pu et il a dû arriver maintes fois que des circonstances purement « historiques » produisissent de la sélection à rebours. De tels cas peuvent s'imaginer en nombre infini ; on s'en forgera autant que l'on voudra en prenant comme point de départ un des modes les plus plausibles de la différentiation des espèces. Une même espèce se trouve divisée en deux fractions cantonnées en deux habitats très éloignés, séparés par des espaces infranchissables. Ces deux fractions, soumises à des conditions de vie différentes, varient de telle sorte qu'elles finissent par former des espèces distinctes , l'une, que nous appellerons « la meilleure », se compose d'individus plus robustes, plus agiles, plus prolifiques... que l'autre. Qu'il survienne cependant un fléau s'abattant sur la meilleure, épargnant la moins bonne : brusque changement de climat, convulsions volcaniques, invasion de sauterelles, de microbes pathogènes.... ce sera la moins bonne qui survivra.

Survivance du plus apte, et même élimination des inaptes, cela ne signifie guère plus que la survivance, après le bombardement d'une ville assiégée, des gens qui ont eu la chance de s'en tirer et l'élimination de ceux qui ont eu la malchance d'être tués ; et la sélection naturelle vaut à peu près la sélection pratiquée dans la ville par les obus.

Assimiler la formation de l'aristocratie au résultat de la sélection naturelle, c'est en faire une aristocratie de la chance, où le mérite n'entre pour rien, c'est donner raison aux démocrates.

Quand nous parlons d'aristocratie, nous entendons une collection d'êtres choisis suivant certaines qualités déterminées, tout le contraire, par conséquent, d'une réunion hétéroclyte d'êtres ayant les caractères les plus opposés, comme la faune actuellement vivante, où se rencontrent les antinomies radicales d'aptitudes et d'avantages dont quelques-unes ont été signalées tout à l'heure. Quand la nature accorde un privilège, c'est à tous les degrés ; l'aile, par exemple : le pingouin en fait une nageoire, l'autruche ne peut pas s'en servir pour voler, et entre l'essor à demi avorté de la poule domestique et la magnifique navigation aérienne de l'albatros, il y a des intermédiaires en nombre immense. La sélection naturelle engendre une foule, négation même d'une aristocratie.

Ainsi applique-t-on au rebours de leur signification les principes du darwinisme populaire qui, d'ailleurs, ne signifient pas grand'chose.

La survivance du plus apte, qu'il faut traduire *élimination des inaptes*, donne son sens à la *concurrence vitale* : c'est un concours de survivance, purement éliminatoire, où la seule condition posée aux espèces est de ne pas mourir ; à part celle-là, liberté absolue.

On n'aurait pas besoin d'aller plus loin pour découvrir que le militarisme darwinien joue simplement sur les mots quand il raisonne ainsi : concourir, c'est lutter, lutter c'est faire la guerre,

donc la concurrence vitale, la lutte pour la vie, étant
une loi générale de la nature, la guerre régit le
monde, la vie n'a évolué que par la guerre ; donc il
faut faire la guerre.

Le pangermanisme bâtit là-dessus toute une philosophie bien connue, dont nous ne sommes pas
indemnes en France, et qui n'a, malgré son étiquette
biologique, aucune base rationnelle ou expéri-
mentale ; elle n'est que littéraire.

Le /concours de survivance, dont les animaux
actuels sont les lauréats, ne comporte jamais l'idée,
même approximative, de guerre, et réciproquement,
quand il y a, dans la nature, guerre ou succédané de
guerre, tel que lutte violente, massacre, ce sont là
des faits qu'on ne peut rapporter qu'abusivement au
concours de survivance.

Lorsque ce concours a quelque rapport avec le
transformisme, il suppose que les concurrents
demeurent assez éloignés les uns des autres pour ne
pouvoir se joindre. Si, en effet, tous les animaux
d'une espèce sont réunis dans une région où ils
communiquent librement, les variations qui les
atteignent, ou bien les atteignent tous à la fois, ou
bien se répartissent parmi eux ; mais, dans ce dernier
cas, elles ont vite fait de s'uniformiser par le
croisement des sexes, de sorte qu'il n'y a toujours
là qu'une seule espèce ou race, donc pas de concours
entre deux espèces ou races. Au contraire, supposez
que ces animaux, d'abord pareils, soient divisés
géographiquement en deux groupes, plus la distance
sera grande, plus les variations du milieu qui se font
sentir à l'un ont chance de différer de celles que
subit l'autre, de là aussi plus de chances pour la
formation de deux races ou espèces différentes.
Formation que l'on pourra aussi concevoir si l'on

préfère l'hypothèse des mutations brusques de de Vries (1) ; il n'y aura aucune raison pour que ces variations, qui introduisent tout à coup plusieurs formes nouvelles dans une génération, se distribuent d'une manière identique dans les deux groupes ; la moyenne qu'en opérera le mélange des sexes ne sera pas la même de part et d'autre.

Ainsi, quand le transformisme joue, ou bien les animaux sont réunis, et il n'y a pas concours de survivance, puisque le concurrent est unique (2), ou bien il y a concours de survivance, et les concurrents sont séparés ; ne pouvant alors se joindre, ils ne peuvent pas se battre.

Les cas de concurrence vraiment vitale entre espèces ne sont toutefois pas rares, mais ils demeurent étrangers au transformisme et encore plus à la guerre. Nous avons cité celui du lapin et du kangourou en Australie, mais le lapin et le kangourou

---

(1). On sait que de Vries, ayant cultivé par semis une espèce d'œnothère, observa l'apparition de variétés très nettement différenciées qu'il put reproduire et conserver indéfiniment en les empêchant de se mélanger. Il explique l'évolution des espèces, tant animales que végétales, par la brusque survenue de telles « mutations ». C'est le néo-darwinisme, lequel n'est d'ailleurs pas inconciliable avec le lamarckisme : il suffit d'admettre que les organes de reproduction et, par suite, les germes sont directement et lentement modifiés par le milieu, jusqu'au jour où l'apparition des variétés se produit comme une rupture d'équilibre ; telle, dans les montagnes, la chute soudaine d'une pierre détachée par des siècles d'un travail continu de la chaleur solaire alternant avec les gelées.

(2). Une seule espèce. Les concurrents du concours de survivance sont en effet les espèces, races, variétés, non les individus, dont la survie peut diminuer en même temps que celle de leur espèce augmente, comme dans e cas où ils vivraient deux fois moins longtemps et se reproduiraient trois fois plus.

ne se livrent pas bataille le moins du monde : ils broutent tranquillement à quelques pas les uns des autres.

Ce qui fait croire que la lutte pour la vie est une guerre, c'est que des animaux en tuent d'autres. Quand ils les tuent pour les manger, comme toujours, sauf de rares exceptions, on a tort d'y voir un fait de concurrence vitale entre mangeurs et mangés. On oublie que, nous aussi les hommes, nous tuons les bœufs et les moutons pour les manger. Luttons-nous pour la vie contre eux ? Pas du tout : avec eux, par eux ; bien plus : en leur faveur, puisqu'il y a chez nous beaucoup plus de bœufs et de moutons domestiques qu'il n'en vivrait à l'état sauvage. La prospérité des animaux qui nous servent, même de nourriture, est liée à la nôtre : ce ne sont pas des concurrents, mais des auxiliaires. L'infériorité sur nous des autres bêtes de proie est qu'elles ne s'en rendent pas compte. Leur ignorance ne change toutefois rien à ce fait que le carnivore (1) a pour seul approvisionnement le gibier vivant : on ne lutte pas pour la vie contre son approvisionnement, et il arrive que si on ne le ménage pas assez, on lutte contre sa propre vie à soi.

Ce serait aussi une expression ridicule que de dire : le mangeur fait la guerre à ses vivres.

Le concurrent du tigre, celui contre lequel il lutte pour la vie, au sens biologique du mot, n'est pas le cerf, mais tout animal mangeant du cerf, tels la panthère, le loup, le chien sauvage. De même que le

---

(1). Le carnivore exclusif, bien entendu.

concurrent du mouton n'est pas l'herbe, mais tout animal mangeant de l'herbe, tels le bœuf, le lapin, le cheval, la sauterelle.

Ces concurrents auraient, semble-t-il à première vue, tout intérêt à se faire la guerre : un carnivore à d'autres carnivores pour accaparer le meilleur terrain de chasse, des bœufs à des chevaux pour les évincer des pâturages les plus riches.

En fait, cette guerre, qui se confondrait bien avec la lutte pour la vie, n'a pas lieu.

On voit coexister dans les Indes des carnassiers concurrents, ceux précisément qui viennent d'être nommés : panthère. [illegible], chien sauvage, tigre ; rien ne décèle chez au[cun de] ces chasseurs une tendance à accaparer par [illegible] le monopole de la chasse. La panthère et le [tigre] ont d'ailleurs des mœurs trop solitaires pour se livrer à une action concertée ; quant aux loups et chiens sauvages qui eux, savent se réunir en bandes, plus on les connaît, plus il s'avère que la puissance de leurs troupes ne dépasse jamais celle d'un tigre isolé, contrairement aux fables répandues par les indigènes et que Rudyard Kipling a encore exagérées dans son conte de la Jungle : *Le Chien Rouge*. (1) Leur force destructive serait donc assez faible s'ils se mêlaient de l'exercer contre les seigneurs du croc et de la griffe ; ils ne s'en mêlent pas.

Depuis le début de l'époque quaternaire, le bison était le maître incontesté de l'herbe des steppes de l'Amérique septentrionale. Des intrus survinrent, il

____

(1). Voir **The Fauna of British India**, Ouvrage édité par Blanford sous le patronage du gouvernement des Indes britanniques. Vol. I. **Mammalia**. — Londres, Taylor and Francis, 1888. pp. 144-147.

y a de cela seulement trois ou quatre siècles : c'étaient les chevaux. Ils avaient été importés au Mexique par l'armée espagnole. Quelques-uns d'entre eux, échappés, revenus à l'état sauvage, se multiplièrent, se répandirent, jusqu'à venir paître à côté des bisons qui, belliqueux pourtant et bien armés, ne leur firent aucune opposition.

La tolérance vis à vis du plus faible, de la part d'êtres de caractère peu endurant, comme les grands félins et les grands bovidés, ne doit pas nous surprendre. C'est le temps qui manque aux animaux concurrents pour s'évincer les uns les autres par la violence. Placez l'homme lui-même dans les conditions où vit un carnassier à régime carnivore exclusif, et il ne travaillera pas davantage à cette éviction. Un chasseur, obligé sous peine de famine à consacrer tous ses efforts à la poursuite du gibier, ne commencera pas par se vouer à la destruction des fauves, sous prétexte qu'ils réduisent sa part de nourriture : ils sont moins bons à manger, on n'en rencontre qu'un pour quatre, cinq ou plus de cerfs, chevreuils, lapins, sangliers.... et, à poids de viande égal, ils font courir plus de risques. Avant de songer à les détruire systématiquement, il faut que la subsistance soit assurée, il faut des loisirs. Le chasseur animal, le carnassier, n'en a pas : il est toujours, en moyenne, talonné par la faim, la multiplication de sa race se réglant tout juste sur la quantité de vivres disponibles.

L'herbivore n'a pas le temps non plus de faire à l'herbivore une guerre utile. Imaginez une bataille entre buffles et bœufs sauvages : les buffles sont vainqueurs, ils ont poursuivi l'ennemi pendant quelques heures, mais, après cela, il a bien fallu manger, ruminer. L'ennemi s'est dispersé, a disparu :

où le rechercher ? Victoire sans lendemain. L'instinct de conservation de l'espèce ne permet pas qu'une telle opération soit entreprise.

Donc la concurrence vitale, la lutte pour la vie, au sens biologique du mot, ne se conduit pas, et ne peut pas se conduire par la violence entre concurrents. Elle n'est en rien assimilable à la guerre. Eriger la guerre en loi biologique, c'est jouer sur les mots.

Si la guerre ne représente pas un agent général de la vie des espèces et des races, elle existe cependant dans la nature. C'est à titre exceptionnel. On ne la constate que chez des animaux organisés en cités, tous des insectes, sauf les chiens des villes d'Orient qui se répartissent en quartiers et se battent parfois quartier contre quartier.

Les insectes qui connaissent la guerre sont les fourmis, les abeilles et les mélipones (abeilles sans aiguillon). Leurs guerres ont lieu de cité à cité, ruche contre ruche, fourmilière contre fourmilière, et peu importe que les combattants diffèrent ou non de race ou d'espèce ; cela n'a aucune influence sur le caractère de leurs hostilités. Les combats de mélipones contre mélipones sont aussi acharnés, plus peut-être, que les combats de mélipones contre abeilles ; il y aura autant de fureur déployée dans les rencontres entre fourmis fauves de fourmilières différentes que dans celles qui opposent fourmis fauves à fourmis rousses.

Il n'est donc pas vrai que la guerre soit, dans son essence, un effet de l'antagonisme des races, d'une antipathie spécifique comme celle qu'il y a, suivant le dicton populaire, « entre chien et chat » ; l'ennemi, c'est l'étranger, l'être vivant quelconque qui n'a pas sa demeure dans la cité. Toute abeille surprise dans une ruche qui n'est pas la sienne est mise à mort, aussi bien quand elle descend d'une reine qui habitait la ruche une génération plus tôt que si mélipone, ou abeille italienne, elle s'est fourvoyée chez des abeilles communes.

L'exemple des fourmis, à cet égard, est typique. On sait qu'il y a parmi elles des espèces esclavagistes. Elles vont enlever les larves de certaines fourmis d'autre espèce que la leur, les font éclore, les élèvent, les adoptent. La main d'œuvre volée à autrui, les fourmis esclaves, ne sont pas du tout des esclaves au sens humain du mot ; nulle contrainte ne s'exerce à leur égard ; quand leurs soi-disant maîtres n'ont pas atteint un haut degré de spécialisation dans l'esclavagisme, elles font même tout ce qu'ils font, ni plus ni moins, elles sont des citoyennes dans la rigueur absolue du terme. En cas de guerre, elles n'écoutent que le « patriotisme », elles se battent en compagnie de leurs concitoyennes d'une autre race, et avec autant de fureur, contre leur propre race, leur propre « sang », si elles les rencontrent dans le camp ennemi. Ainsi certaines fourmis, au nom barbare, les *Strongylognathus*, prennent leurs esclaves parmi les *Tetramorium*, autres fourmis qui sont, chose étrange, encore plus robustes et plus guerrières qu'elles. Forel a provoqué une bataille entre une fourmilière composite de *Strongyl. et Tetra.* et une de *Tetra.* sans mélange ; ce fut la composite qui l'emporta, mais grâce aux *Tetra.* « esclaves » évidemment, car tous les *Strongyl.* restèrent sur le carreau.

Cette indifférence des insectes guerriers à l'instinct de race implique nécessairement que la guerre soit elle-même indifférente à la sélection entre leurs races, variétés et espèces.

Les faits confirment ici l'induction de la logique.

Il y a deux sortes de guerre entre fourmis : les guerres que l'on pourrait dire voulues et les guerres purement accidentelles.

Les premières sont toujours et exclusivement des expéditions esclavagistes. Une armée se met en branle *pour* voler des larves dans une fourmilière qui ne s'attend à aucune agression. Raisonnant *a priori*, un darwinien simpliste prévoierait que de telles mœurs doivent donner l'hégémonie, dans le monde des fourmis, à la plus forte espèce qui les a pratiquées la première. Il n'en est rien. Les fourmis non-esclavagistes sont beaucoup plus nombreuses, et au moins aussi prospères que les autres. On vient de voir le singulier cas des *Strongyl.* et des *Tetra.* Il montre que la guerre esclavagiste n'a pas nécessairement favorisé le plus brave et le plus fort. Et là où cette guerre a produit des effets de sélection très accentués, le choix ne nous paraît pas très heureux. Le *Polyergue roussâtre* ou *fourmi-amazone*, par exemple, ne peut plus littéralement vivre sans esclaves. C'est un insecte qui possède une grande supériorité d'armement : des mandibules très dures et très pointues avec lesquelles il perce facilement les têtes de ses ennemis réfractaires aux tenailles de toute autre fourmi. Mais, — l'expérience a été faite souvent, — enfermez des Amazones avec des vivres et sans esclaves, elles mourront de faim ; donnez leur une esclave, vous la verrez leur mettre la pâtée dans la bouche.

Les guerres autres que les expéditions esclavagistes résultent de rencontres purement fortuites. Il faut, non seulement que des fourmis de deux cités différentes se trouvent en présence, mais encore qu'elles soient de part et d'autre en force ; peu nombreuses, elles ne ressentent pas avec assez d'intensité l'excitation xénophobe ; elles s'évitent. Si, la foule étant suffisante, elles engagent le combat, on accourt de part et d'autre à la rescousse, c'est la guerre : deux nations entières aux prises. La fourmilière vaincue est saccagée. Le pillage aura été alors l'effet, non le but de la guerre. Mais des espaces relativement immenses séparent les territoires nationaux des fourmis, aussi les conditions nécessaires à des mêlées brutales se présentent-elles rarement. Et comme la vie des cités est courte, l'immense majorité d'entre elles meurent sans avoir connu « l'ivresse des combats ». Quel pouvoir sélectif y a-t-il dans de telles guerres ? Celui à peu près qu'aurait sur l'espèce humaine une chute d'aérolithes.

On soutiendra peut-être cependant que les animaux qui font la guerre ont, par cela même, des qualités qui les mettent au-dessus de leurs pareils, de là une certaine sélection. Thèse illusoire. Les chiens de Constantinople, qui se battaient, dit-on, de quartier à quartier, ne valaient certes pas les chiens franchement domestiques ou sauvages qui, eux, se contentent de la rixe et de la bagarre confuses. Quant aux insectes dont les cités engagent parfois entre elles des conflits meurtriers, ils se recrutent dans deux familles d'hyménoptères. Il existe cependant une autre famille d'hyménoptères où les espèces bâtisseuses de cités surpassent en nombre les espèces sociales d'abeilles et ne se font pas la guerre : c'est la famille des guêpes. Les guêpes sont-elles moins fortes, moins courageuses que les abeilles ? Nous les trouvons moins industrieuses, mais c'est tout simplement parce que leur industrie ne nous profite pas. En réalité, elles ont inventé bien avant nous le papier de bois, matière qu'elles fabriquent elles-mêmes et avec quoi elles construisent des phalanstères d'une architecture aussi admirables que celle des abeilles : cellules hexagonales régulières, disposées en plateaux suspendus les uns au-dessous des autres, et dont l'ensemble s'ajuste dans une sphère de géométrie impeccable, pas d'espace perdu... (il s'agit ici du nid de notre espèce commune).

La place nous manque pour multiplier les exemples. Ils seraient d'ailleurs analogues aux précédents et confirmeraient cette conclusion que si la guerre produit une sélection dans la nature, elle la produit dans n'importe quel sens, que la guerre choisit au hasard, donc en somme pas du tout.

APPENDICE D.

L'invention du système héliocentrique

Le premier philosophe grec chez qui des textes historiques mentionnent une idée du mouvement de la terre est Philolaos, pythagoricien, contemporain de Platon.

« Philolaos, dit Aétius, a mis le feu au milieu, au centre, c'est ce qu'il appelle la Hestia du Tout, la maison de Jupiter et la mère des Dieux, l'autel, le lieu, la mesure de la nature. En outre il pose encore un second feu tout à fait en haut et enveloppant le monde. Le centre, dit-il, est par sa nature le premier; autour de lui, les dix corps divers accomplissent leurs chœurs dansants ; ce sont le ciel, les planètes, *plus bas le soleil*, au-dessous de lui la lune, *plus bas la terre*, et au-dessous de la terre l'anti-terre, et enfin, *au-dessous de tous ces corps, le feu d'Hestia au centre, où il maintient l'ordre.* (1) Aucune ambiguïté: la terre tourne, non pas autour du soleil, mais, *comme le soleil*, autour du feu central ; précision

---

(1). Hermann Diels. — **Die Fragmente der Vorsocratiker**, Berlin, 1903. Aétius II, p. 247. Cet Aétius est un compilateur antérieur à l'ère chrétienne, dont les fragments figurent dans le **De Placitis Philosophorum** de Plutarque.

répétée ailleurs. Aristote est moins explicite, mais en y regardant avec un peu d'attention, on voit que la cosmologie qu'il reproche aux Pythagoriciens ne peut être autre que celle de Philolaos.

Personne, dans l'antiquité, ni jusqu'au XVI° siècle de notre ère, n'a jamais dit que les Pythagoriciens ni Pythagore eussent professé la translation de la terre autour du soleil. Copernic lui-même cite *in extenso* et en grec ce texte d'Aétius joint autrefois aux œuvres de Plutarque (*de Placitis Philosophorum*) : « Les autres (pensent) que la terre demeure immobile, mais Philolaos le Pythagoricien qu'elle est portée en cercle *autour du feu*, suivant un cercle oblique, *de la même manière que le soleil* et la lune.... » (1)

La légende est donc postérieure à Copernic.

Kepler, lui, ne s'en référa qu'au livre II du *de Cœlo* d'Aristote : « Pour eux (les Pythagoriciens) ils prétendent que le feu est le centre du monde, et que la terre est un de ces astres qui font leur révolution autour de ce centre... Ils inventent aussi une autre terre, opposée à la nôtre, qu'ils appellent du nom d'anti-terre... » (2) Il expliqua que l'anti-terre était un des hémisphères terrestres, sans remarquer qu'Aristote, qui croyait à la sphéricité de la terre, n'eut alors eu aucun motif pour se plaindre de l'introduction arbitraire d'une planète nouvelle ; et il dit que « feu » signifiait « soleil », sans se demander comment l'anti-terre eût pu alors rester cachée, ce qui, dans le système authentique de Philolaos, s'expliquait très facilement. D'ailleurs, si le feu était

------

(1). Nic. Copernicus. — **De Revolutionibus Orbium Cœles-tium**, libri VI. Thoruni, sumptibus societatis Copernicanœ, 1873. Préface au pape Paul III, p. 6.
(2). Ch XIII, 1.

le soleil, il n'y eût eu que neuf corps célestes à décrire leurs orbites autour de lui : sphère étoilée, cinq planètes, lune, terre, anti-terre ; cela ne faisait pas le compte pour Aristote lui-même qui écrivait : « A en croire les Pythagoriciens, le nombre dix est le nombre parfait, et la décade contient toute la série naturelle des nombres. Ils partent de là pour prétendre qu'*il doit y avoir dix corps qui se meuvent dans les cieux : mais comme il n'y en a que neuf de visibles*, ils en supposent un dixième qui est l'opposé de la terre, l'antichthôn ». (1)

Depuis Kepler, jusqu'à certains de nos contemporains, dont quelques-uns très savants, ce fut chose jugée : les Pythagoriciens professaient le système héliocentrique. Du moment que c'était une doctrine de l'Ecole, on n'hésita pas un seul instant a en attribuer l'enseignement à Pythagore lui-même, dont cependant on ne sait littéralement rien que par conjecture. Mais comment Pythagore pouvait-il avoir trouvé un système du monde qui suppose une science astronomique très avancée ? Il la tenait des Chaldéens, antiques observateurs du ciel.

Ce fut seulement à partir du milieu du siècle dernier que les critiques commencèrent à dissiper ce préjugé. Le regretté Paul Tannery, qui a si bien étudié les origines de la science grecque, a achevé le travail en montrant les découvertes dont il était raisonnable de faire bénéficier Pythagore, personnage à demi mythique : la géométrie euclidienne, pour la plus grande part, et la sphéricité de la terre immobile (les Chaldéens avaient une terre hémisphérique). Il semblait que ces érudits n'eussent

---

(1). Métaphysique, livre I, Ch. V, 1-7.

pas grand'chose à faire pour remettre au point l'histoire de l'astronomie : un peu de bon sens et de lecture y suffisait. Mais ils avaient à lutter contre une espèce de dogme enraciné par Bailly et ses contemporains : la génialité très ancienne de l'homme, dogme cher à Remy de Gourmont.

La *Constance Intellectuelle* ne fait que développer, sous une autre forme, un raisonnement encore assez répandu. — Voyez, disent beaucoup de gens, quelles merveilles ont produites les premières civilisations, celles des Chaldéens, des Egyptiens, des Indous ; pourquoi donc voudriez-vous que ces hommes, auteurs d'œuvres qui valent les nôtres, fussent moins intelligents que nous ? Une notion aussi élémentaire que celle du système héliocentrique l'est pour nous n'a pu certainement leur échapper. —

Sous prétexte, en effet, que notre cosmologie est enseignée dans les écoles primaires, on en fait une espèce de *pont au dnes* que seuls des peuples incultes ou en décadence n'ont pu franchir. Rien de plus faux que cette idée : il faut au moins avoir les connaissances d'un bon candidat à l'Ecole Polytechnique pour comprendre la démonstration de la réalité de la translation de la terre autour du soleil, démonstration que l'on ne prend jamais la peine de fournir, et qui présente beaucoup de difficultés si l'on tient à la rigueur. On se contente, pour les primaires, d'affirmations, et on laisse au bon sens des autres le soin de fournir cette preuve indirecte : si le système du monde n'était pas celui que nous croyons, les résultats de la plupart des travaux de l'astronomie contemporaine n'auraient pas de sens.

Jusqu'à Newton, on n'a jamais mis en évidence, de plus en plus il est vrai, que *les avantages* du système héliocentrique ; Newton le premier en a montré la *nécessité*, aussi inéluctable que celle qui nous oblige à penser : — un homme a passé par là — quand nous voyons certaines traces sur la neige. Avantageux au point de vue de la simplicité, le mouvement de la terre était-il possible ? Les objections d'ordre physique et mécanique qu'on y opposait depuis Aristote ne furent résolues pleinement que par Galilée ; auparavant, les réponses aux objections valaient les objections.

On ne diminue donc absolument pas la valeur intellectuelle des premiers civilisés en leur déniant la connaissance des résultats d'un travail qui ne demandait pas seulement du génie mais une longue et immense accumulation de génie.

On ne les rabaisse pas davantage en cherchant à les trouver compréhensibles. Or, d'après le simple bon sens appuyé par ce que l'on sait d'eux, il est de plus en plus impossible de trouver une idée raisonnable ou vraisemblable, un motif quelconque, qui fût susceptible de les conduire à la conception du système héliocentrique.

Au contraire, on peut s'expliquer, non sans admiration d'ailleurs, qu'Aristarque de Samos ait émis le premier, quelque trois cents ans après Pythagore, l'hypothèse de la translation de la terre autour du soleil, audacieuse théorie qui passa presque inaperçue. Le terrain était préparé : par ses propres découvertes, Aristarque de Samos savait le soleil beaucoup plus gros que la terre (20 fois, chiffre très inférieur à la réalité, mais qui fut universellement admis jusqu'à notre XVIIe siècle) ; et, de la cosmologie de Philolaos, étaient issues la suggestion à la fois de la rotation de la terre sur elle-même et de sa tranlation.

Mais la conception de Philolaos elle-même,

dénuée de toute raison d'être s'il ne s'agit que de géométriè et d'astronomie, prend un sens dès que l'on se rappelle l'adage essentiellement pythagoricien : — *les choses sont nombre ;* les nombres, types de tout ce qui existe, possèdent une force agissante pour ordonner d'après eux-mêmes tout ce qui existe.— Du moment que Philolaos se persuadait que dix était le nombre parfait, le nombre universel, théorie entièrement vraisemblable d'après l'esprit du pythagorisme, il créait nécessairement l'Anti-terre, et comme celle-ci ne se voyait pas, il était bien obligé de mettre la terre au-dessus d'elle, entre elle et la lune et le soleil, loin du centre ; ce qui impliquait, pour rendre compte de l'alternance du jour et de la nuit, que la terre parcourût une orbite, et en 24 de nos heures. (1)

---

(1). La cosmologie de Philolaos était remarquablement cohérente, étant donné ce qu'on pouvait savoir de son temps. Voir le **Système du Monde des Chaldéens à Newton.** Paris, Alcan, 1913, où j'ai développé la genèse. A peine indiquée ici, de notre cosmologie.

APPENDICE E.

Comment progresse la Science

C'est précisément le caractère progressif de la science qui sert de prétexte à l'une des nombreuses accusations que l'on porte contre elle.

Quand elle exprime une loi d'une manière plus approchée que précédemment, cela change souvent l'expression de la loi. Quand elle trouve une théorie nouvelle plus extensive que les anciennes, elle semble renier celles-ci.

On conclut alors que la science est impuissante à parvenir à la vérité, puisqu'un jour vient, presque sans faute, où elle renverse elle-même de fond en comble des vérités que, la veille encore, elle proclamait définitivement acquises. Ses vérités, ne cessant pas de changer, ne sont donc que de l'erreur.

Il se trouve parfois jusqu'à des savants pour prêter les mains à ce sophisme, car c'en est un.

En ce qui concerne les théories, on oublie, en le soutenant, que lors du remplacement d'une théorie périmée par une neuve, les relations entre phéno-mènes enregistrées par la première ne changent pas, que ces relations sont rattachées seulement à d'autres dans un ensemble plus étendu.

Ainsi, la théorie de la lumière a pris successivement les trois formes suivantes : 1° la lumière est une émission de particules excessivement fines lancées en ligne droite, 2° la lumière est un mouvement ondulatoire produit dans le milieu universel appelé éther, 3° la lumière a pour origine des courants électriques et les réactions magnétiques qu'ils exercent les uns sur les autres.

Or la théorie des ondulations (inventée par Newton, développée par Fresnel) laisse subsister, de la théorie de l'émission due à Descartes, toutes les relations établies par celui-ci entre les phénomènes lumineux des catégories qu'il avait étudiées : — réflexion, réfraction, — mais elle met en évidence des relations entre ces phénomènes et tous les autres phénomènes lumineux : — interférences, effets des plaques minces, anneaux colorés, polarisation.— De même la théorie électro-magnétique de la lumière respecte intégralement les équations par quoi Fresnel traduisait en effet d'ondulations toutes les espèces de phénomènes lumineux, mais elle montre une similitude de nature entre eux et l'électricité.

Les changements de théorie ne sont donc pas des changements de vérités, mais le rattachement de vérités éparses à une vérité centrale.

Quant aux changements de lois scientifiques, ils ne sont qu'apparents : ils marquent en réalité des étapes dans le progrès de l'exactitude avec laquelle sont exprimées les relations entre les phénomènes.

On sait que les lois scientifiques se traduisent par des courbes. Il est facile de voir que, si on progresse dans les moyens de mesure, une même loi pourra être exprimée successivement par des courbes d'espèce différente.

Par exemple, on dira d'abord : — la loi est représentée par un cercle, — plus tard : — la loi est représentée par une ellipse régulière, — plus tard encore : — la loi est représentée par une ellipse irrégulière.

Lors du premier énoncé, on ne savait mesurer qu'à un centième près en plus ou en moins ; étant donné, pour fixer les idées, que l'on attribuait au cercle représentatif de la loi un diamètre de 1 mètre, on n'était sûr que d'une chose, c'est que ce diamètre avait plus de 99 et moins de 101 centimètres, que la courbe de la loi était comprise dans une bande circulaire de 1 centimètre de large. A l'intérieur de cette bande, il y a une infinité de cercles, d'ellipses, régulières ou non, de courbes fermées de toute espèce.

Lors du second énoncé, on mesure au millième près, et l'on dit que la courbe est une ellipse ; en réalité, elle est comprise dans une bande elliptique régulière de 1 millimètre de large, comprise elle-même dans la bande circulaire précédente.

Lors du troisième énoncé, on mesure au dix-millième près, et l'on dit que la courbe est une ellipse irrégulière avec tels renflements et telles concavités ; en réalité, elle se trouve comprise dans une bande elliptique irrégulière de 1/10 de millimètre de largeur, comprise elle-même dans la bande elliptique régulière précédente.

Les trois affirmations successives que l'on a produite : — la loi est représentée par un cercle, par une ellipse régulière, par une ellipse irrégulière, — loin d'être contradictoires, ne font que se préciser les unes les autres ; suivant la locution banale mais si juste, elles *serrent* la vérité de plus en plus près. Aucune d'elles n'était fausse : puisque la bande circulaire de la première approximation contient la bande elliptique de la seconde qui contient la bande elliptique de la troisième qui contient la courbe de la loi, il est évident que celle-ci a toujours été incluse dans toutes les bandes, sans excepter la moins mince. On n'a jamais professé d'erreur, à condition que l'on sous-entendît le degré d'approximation, et il restera toujours vrai de dire que la loi est représentée par un cercle à un centimètre près, par une ellipse de telles proportions à un millième près...

Augmenter la précision dans l'expression de la vérité, voilà tout ce qu'on fait quand on change l'énoncé des lois ; rien ne ressemble là à une série de contradictions.

Malheureusement, les savants eux-mêmes oublient souvent le sous-entendu nécessaire de l'approximation, et ils se laissent duper par le mirage mathématique qui fait rêver de lois apparaissant tout à coup avec leur rédaction éternelle, leur précision absolue qui ne sera plus jamais dépassée. Quelle chimère absurde ! Comment concevoir que nous percevions jamais l'infiniment petit, le point mathématique, qui n'ayant aucune dimension, ne peut-être qu'une entité abstraite ? Et si cela est impossible, nous serons toujours limités dans la précision de nos mesures et de nos observations ; aujourd'hui on ne mesure pas une longueur à plus d'un dixième de micron près (le micron est le millième de millimètre) ni un angle à plus d'un centième de seconde près. Quelle raison y a-t-il pour que les lois formulées dans ces conditions présentes le soient avec une exactitude qu'on ne dépassera plus, même si l'on parvient à apprécier le millionième de micron et le millionième de seconde ? On n'en voit aucune.

Il faut donc tenir les lois pour toujours approchées, et non seulement les lois, mais toutes les affirmations et négations basées sur les résultats de notre expérience

Approximatives la gravitation universelle, la constance de la masse dans les réactions chimiques, etc... ce qui n'exclut pas que l'approximation puisse être très grande, comme c'est le cas précisément pour les deux principes que nous venons de citer. Jusqu'ici, malgré des progrès énormes dans le pouvoir des instruments des observatoires et dans les méthodes astronomiques, on n'a jamais trouvé en défaut la mécanique newtonienne des mondes. Cette mécanique est donc remarquablement approchée. On pressent déjà, sans preuves bien certaines, qu'on va atteindre les limites où cette approximation ne sera plus suffisante. Il conviendrait de proclamer hardiment que de telles limites existent toujours et partout. Ce serait affirmer, dans tous les domaines, le caractère progressif de la science et vouer d'avance au ridicule les accusations de faillite portées contre la science, en montrant que chacune de ces faillites coïncide avec un succès nouveau de la science.

TABLE DES MATIÈRES

Imprimerie E. DURAND, 18, rue Séguier

www.ingramcontent.com/pod-product-compliance
Lightning Source LLC
LaVergne TN
LVHW010108070726
842525LV00017B/928